RECHERCHES

sur

L'IMPRIMERIE

A TROYES.

RECHERCHES

SUR L'ÉTABLISSEMENT ET L'EXERCICE

DE

L'IMPRIMERIE

A TROYES.

(Tiré à 160 exemplaires numérotés.)

RECHERCHES

SUR L'ÉTABLISSEMENT ET L'EXERCICE

DE

L'IMPRIMERIE

A TROYES,

CONTENANT

LA NOMENCLATURE DES IMPRIMEURS DE CETTE VILLE,

DEPUIS LA FIN DU 15e SIÈCLE JUSQU'A 1789,

ET DES NOTICES

SUR LEURS PRODUCTIONS LES PLUS REMARQUABLES,

avec fac simile ;

PAR

M. CORRARD DE BREBAN,

Correspondant du Ministère de l'Instruction Publique pour les Travaux relatifs à l'Histoire de France.

2e ÉDITION CORRIGÉE ET AUGMENTÉE.

A PARIS, chez DELION, Libraire-Editeur,
Quai des Augustins, n° 7.

A TROYES, chez { FÈVRE, BOUQUOT, } Libraires.

1851.

AVANT-PROPOS.

Tout le monde s'accorde à reconnaître que la France ne possédera une histoire politique véritablement digne d'elle, qu'alors qu'au préalable des mains patientes et laborieuses auront dépouillé toutes les histoires particulières et les archives de nos provinces. C'est de là que plus d'un évènement recevra un jour tout nouveau; que certaines institutions, jusqu'ici mal comprises, se révèleront sous leur véritable aspect : c'est alors seulement que l'écrivain chargé de cette grande tâche pourra tracer à larges traits, à la manière des anciens, un tableau qui sera fidèle, car il sera le résumé d'éléments originaux et complets.

Il en est de même pour notre histoire artistique. Celui qui prétendra à l'honneur de l'écrire doit embrasser, dans ses recherches, tous les points du territoire; il doit aussi remonter dans le passé bien plus haut que n'ont fait ses devanciers. On reconnaît, aujourd'hui mieux que jamais, que, même dans les temps les plus mauvais du moyen-âge, le flambeau des arts n'a pas cessé de luire sur notre beau pays ; ce qu'on a pris pour des éclipses, n'étaient que les transformations que comportaient le degré de civilisation, l'état des esprits, les besoins dominants.

Ce n'est que d'hier, c'est-à-dire depuis le milieu du 17ᵉ siècle, que la capitale et la cour ont absorbé l'art et les artistes. Ceux-ci ont fait comme les gentilhommes qui, à cette grande époque de centralisation, ont quitté leur manoir et leurs allures indépendantes, pour briguer la faveur du maître. Mais dans les siècles précédents, chacune de nos cités présentait un centre de production qui ne relevait d'aucun autre, et qui se distinguait par un caractère d'originalité dont l'absence fait à présent le désespoir des connaisseurs. Alors les hommes que la nature avait doués de talents supérieurs, regardaient comme un devoir rigoureux de les consacrer à l'ornement et à l'illustration du pays qui les avait vus naître ; il n'entrait point dans leurs idées de se produire sur de plus grands théâtres ; c'est à ce culte de la patrie, ainsi entendu dans le sens le plus restreint, que nous devons mille chefs-d'œuvre semés sur la surface du pays, et jusques dans les localités les plus obscures.

On ne saurait donc émettre trop vivement le vœu de voir nos principales cités rechercher, recueillir et décrire les monuments que les âges précédents leur ont légués, et livrer à la curiosité publique tout ce qu'on sait touchant leurs auteurs. Par ces soins pieux, elles ne feront pas seulement acte de justice envers leurs enfants, elles mériteront bien de la société tout entière, de cette société si désireuse aujourd'hui de connaître la vérité sur toutes choses.

Toutefois ne nous dissimulons pas que cette tâche est devenue difficile, les hommes d'élite dont nous parlons ne se préoccupaient guères de transmettre à la postérité les particularités de leur vie, et dédaignaient même d'attacher leur nom à leurs œuvres. Ils abandonnaient ce soin à la tradition et à la reconnaissance publique. Aussi chaque jour le torrent des âges vient recouvrir d'une vague d'oubli et ces intéressants souvenirs et ces noms dignes d'un autre sort.

Certes, s'il est un art dont l'origine semblait devoir être éclairée d'une vive lumière, c'était l'imprimerie, qui fournit elle-même les moyens les plus sûrs de communiquer avec la postérité. Cependant il n'en a point été ainsi. Ses premiers temps sont couverts de nuages; son début n'a pas de date certaine; le nom de son inventeur est un problême qui donne lieu à d'incessants débats parmi les savants. Plusieurs villes se disputent l'honneur de l'avoir produit, ainsi qu'il arriva jadis du chantre de l'Iliade; mais Homère est un personnage mystérieux : comme les héros qu'il a chantés, il habite les confins de la fable et de l'histoire. L'inventeur de l'imprimerie, au contraire, a vécu dans le centre du monde civilisé, à l'époque de la renaissance des lettres : nous n'en sommes séparés que par un petit nombre de générations.

Cette incertitude est pénible : qui n'aimerait à revêtir d'une forme certaine l'heureux génie auquel on doit tant de reconnaissance, pour avoir mis à la portée de tous les trésors de la littérature et des sciences jusque-là réservés à quelques privilégiés? qui n'aimerait à le voir, seul sur son piedestal, salué d'unanimes acclamations?

Mais après lui sont venus des hommes dont la tâche, pour être moins brillante, n'a pas été moins utile : ce sont ceux qui ont continué son œuvre; ceux qui l'ayant reçue à l'état d'art purement industriel, l'ont élevée à un rang où elle rivalise avec les beaux-arts, dont plusieurs se sont réunis pour l'embellir; ceux enfin qui ont successivement vulgarisé cette merveille dans chacune de nos provinces.

Que du moins les noms de ceux-là soient inscrits fidèlement dans nos fastes : ne laissons pas périr, s'il en est temps encore, les monuments de leurs travaux. Recherchons-les dans la poussière où l'indifférence les a trop long-temps délaissés, pour les signaler à l'attention et souvent à l'admiration publique. Ne doutons pas que ces inventaires, pour ainsi dire domestiques, ne mettent au grand jour beaucoup de choses que les bibliographes les plus diligents n'ont pas connues.

C'est une dette de ce genre que je me propose d'acquitter dans cet essai, en faisant connaître ce que l'imprimerie fut à Troyes dès les premiers temps de sa découverte et dans les temps postérieurs; quels hommes s'y sont distingués et quels sont les produits les plus remarquables que nous devons à leurs presses.

Il n'y aura pas de présomption à dire que j'ai traité ce sujet plus complettement qu'on ne l'avait fait jusqu'ici. Quoi d'étonnant que les historiens de l'imprimerie, les Maittaire, les Panzer, les Prosper Marchand, n'aient consacré qu'une mention rapide et parfois erronée à ce qui, pour eux, n'était qu'un point dans un vaste horizon ; que si notre Grosley, qui s'est étendu davantage sur notre typographie troyenne (1), laisse lui-même à désirer, c'est que son plan embrassait trop de matières pour qu'il pût les approfondir toutes, et que d'ailleurs, pour ce chapitre, comme il en convient, il n'a guères vu que par les yeux d'autrui. Dans une mono- graphie, au contraire, il fallait au moins qu'à défaut d'autre attrait, les amateurs trouvassent l'exactitude qu'on exige aujourd'hui plus que jamais. Aussi, à bien peu d'exceptions près, je ne cite pas un volume que je n'aie vu et tenu. J'ai exploré complettement, sous ce point de vue, la belle bibliothèque de Troyes ; j'ai consulté la plupart de celles de Paris, ainsi que plusieurs personnes versées dans ces matières.

La bienveillance avec laquelle les hommes compétents ont bien voulu accueillir la première édition de ces recherches, n'a été pour moi qu'un encouragement à mieux faire. Je me suis tenu, depuis dix ans, au courant de tout ce qui a passé dans les ventes ; j'ai parcouru la plupart des nouvelles publications biblio-

---

(1) Troyens célèbres, tome II. Mémoires sur Troyes, vol. I, p. 500 et *passim*.

graphiques; j'ai profité de toutes les remarques et communications qu'on a bien voulu m'adresser, et je suis ainsi parvenu à ajouter plus de vingt notices à celles que j'avais réunies dans un premier travail.

Que si dans cette revue de nos vieux typographes il m'est arrivé d'en omettre quelqu'un, qu'il ne s'en prenne qu'à lui-même et non pas à moi qui, pour le découvrir, ai dirigé ma loupe sur les officines les plus obscures. Pourquoi, au lieu de s'absorber dans des travaux vulgaires, dans la seule vue du lucre, n'a-t-il pas, comme la plupart de ses confrères, laissé derrière lui quelque curieux monument de ses presses? Il n'a vécu que pour le présent, il n'a aucun droit à nos souvenirs.

Si j'ai pris tant de soins pour ce travail, ce n'est pas que la matière en fût bien riche, ni qu'il pût me valoir de grandes jouissances d'amour-propre, mais bien parce qu'il se rattachait à mon pays, à une ville à laquelle il ne manque que d'être mieux connue pour grandir en importance et en renommée. Voyez en effet sous combien de rapports Troyes mérite de fixer les regards et l'intéret! C'est d'abord le municipe romain, capitale du peuple Tricasse, fier du patronage d'Auguste. C'est, dans les premiers siècles de l'Eglise, la ville chrétienne, terre consacrée par les saints, leurs miracles et leur martyre. Au moyen-âge, c'est le foyer d'une active industrie, le lien d'un commerce immense entre l'Asie et l'Europe. C'est le séjour de princes puissants et d'une brillante cour. Tantôt elle apparaît, conviant les populations aux fêtes de la paix, escortée d'une brillante génération d'artistes qui l'embellissent avec profusion des trésors de leur génie ; tantôt elle prend l'aspect guerrier, se revêt de fer, se fait une ceinture de tours crenelées, et se mêle d'une manière souvent décisive aux querelles des partis. Aujourd'hui encore, malgré les ravages du temps et des hommes, cette vieille cité offre de curieux témoignages des différentes phases de cette histoire si variée.

Sans doute bien des parties de ce riche sujet ont déjà été traitées par des écrivains estimables. Mais plusieurs sont encore vierges, et d'autres ont besoin d'être soumises à l'épreuve d'une critique plus avancée. Toutes ensuite réclameront l'avènement d'un habile metteur en œuvre, qui saura en composer un monument imposant et régulier. Je me féliciterais si, moi, aussi, j'avais apporté une pierre à l'édifice.

RECHERCHES SUR L'IMPRIMERIE.

ÉTABLISSEMENT DE L'IMPRIMERIE

A TROYES.

Deux motifs se réunissaient pour que Troyes fût une
des premières villes de France où l'imprimerie devait
être importée. D'abord son voisinage et ses relations
multipliées avec l'Allemagne, dont les commerçants
fréquentaient ses foires si importantes au 15ᵉ siècle;
ensuite l'état florissant de ses papeteries, qui fournis-
saient, sur place et à des prix peu élevés, la matière
première. On sait que dans les 13ᵉ, 14ᵉ et 15ᵉ siècles
les moulins à eau, en amont et en aval de Troyes,
étaient, pour la plupart, occupés par cette industrie.
Les papetiers troyens, parmi lesquels l'Université prenait ses papetiers jurés, formaient une corporation

nombreuse et riche (1). Nous n'en donnerons ici pour preuve que le passage suivant, d'une relation de l'entrée de Charles VIII à Troyes, en 1486. Elle est rédigée par le papetier Lebé, souche d'une famille qui a rendu depuis de si grands services à la typographie (2) :

> ..... Aussi y furent de Troyes les papetiers
> En très grant pompe, habillés de migraine,
> Et bien montés sur beaux puissants destriers
> De bardure couverts très belle et saine.
> Pour y venir, laisserent courir Seine,
> Levèrent vannes, delaissant leurs molins,
> Ung chacun d'eux grant joie si démaine
> Tous y avaient beaux pourpoins de satin.

Si l'on en croyait Grosley, qui s'explique comme s'il avait sous les yeux le volume, dont il donne pour ainsi dire le signalement, puisqu'il va jusqu'à préciser le

---

(1) En 1550, le célèbre Robert Étienne avait son fournisseur parmi les papetiers de Troyes. (Voyez la bibliothèque de l'école des Chartes, t. 1er, p. 569.)

Ils avaient dans l'église Saint-Remy une chapelle qui a été longtemps nommée *la Chapelle des Papetiers.*

(2) Le nom de cette famille s'est conservé à Troyes :

1ᵒ Dans la cour au Bé, rue de la Pie, où, vers le milieu du dernier siècle, on voyait encore les magasins et étendoirs immenses occupés autrefois par les produits de leurs manufactures ; 2ᵒ dans la chapelle au Bé, qu'en 1497, Nicolas Lebé, bourgeois de Troyes, et papetier juré de l'Université, fit construire en l'honneur de Jésus-Christ, dans *son accin de la Tuilerie,* aboutissant au couchant sur l'ancienne chaussée romaine qui conduisait de Troyes à Auxerre, à travers le marais de Montier-la-Celle. Cette chapelle est encore figurée dans le plan de 1679, par un petit portail flanqué de deux tourelles ; depuis elle a entièrement disparu, mais ce quartier en a retenu le nom. L'ancien accin de la Tuilerie est possédé aujourd'hui par le sieur Chamoin, et dépend de la commune de Saint-André.

format et les caractères, l'imprimerie troyenue aurait produit, dès 1464, un réglement sur les foires.

Comme une pareille date serait flatteuse pour notre amour-propre! Comme elle viendrait changer les rangs d'antériorité assignés unanimement jusqu'à ce jour! Elle n'irait à rien de moins qu'à nous placer avant Rome, avant Paris, où l'on n'a imprimé au plus tôt qu'à la fin de 1469. Nous ne le céderions qu'aux seules villes de Mayence et de Bamberg. Mais la vérité est ici ce que nous cherchons avant tout. Disons donc que ce fameux réglement n'existe pas, ou que s'il existe, il porte une date bien plus récente. Toutes les recherches faites avant nous et par nous ont été inutiles pour en trouver le moindre indice ailleurs que chez Grosley. Il en est du réglement de 1464 comme du *Florius* de 1467, invoqué longtemps pour la ville de Tours.

Il faut également regarder comme apocryphe une prétendue édition, sous l'année 1480, des postilles des épîtres et évangiles, mentionnée par Maittaire et Prosper Marchand. Tous les bibliographes s'accordent aujourd'hui sur ce point. Ce livre ne doit d'existence qu'à une date mal lue.

Nous arrivons ainsi à reconnaître que la première production de l'imprimerie à Troyes, est le Bréviaire du diocèse, qui a paru en septembre 1483. Cette date incontestable est encore assez belle. Ce furent là les premières presses qu'on vit en Champagne. En faisant abstraction de Metz et Strasbourg, qui étaient alors villes impériales, il n'y avait encore que huit villes en France qui en fussent en possession, savoir : Paris (1470), Lyon (1473), Angers (1477), Chablis (1478), Toulouse (1479), Poitiers (1479), Caen (1480), et Vienne (1481). Il faut descendre de plusieurs années pour en trouver dans de certaines villes du premier ordre, voire dans des capitales. Nous nous bornerons à citer, parmi les villes

que nous avons devancées dans cette carrière, Rouen,
Nantes, Orléans, Dijon, Rheims, Rennes, Heidelberg,
Munick, Copenhague, Lisbonne et Hambourg.

Comme ce livre est notre point de départ, nous le
ferons connaître avec le soin qu'il mérite.

Nous n'en connaissons qu'un seul exemplaire, c'est
celui de la bibliothèque nationale, coté B, 661.

Cette extrême rareté ne surprend point, quand on
songe qu'au 15e siècle on n'imprimait qu'à un nombre
d'exemplaires fort restreint, dont la moyenne roulait
entre deux et trois cents; quand on songe, en outre,
que l'usage quotidien que comportait cette nature de
livre l'exposait d'autant plus à périr promptement.

Il n'est point de format in-8º, comme on l'a écrit jusqu'à présent, mais grand in-12. Il est imprimé sur deux
colonnes, porte en hauteur 5 pouces 7 lig. et demie, en
largeur 4 pouces 2 lig. métrique. Il n'a ni titre courant
ni autre, et commence par un calendrier de six pages.
Il n'a ni chiffres ni réclames. Les capitales sont rouges
et bleues, les versets sont distingués par des caractères de deux hauteurs légèrement différentes. Il porte
35 lignes à la page et 355 feuillets. Les caractères, de
forme, sont bien pour le temps; l'exécution est cor-
recte, et laisse toutefois à désirer plus de netteté.
L'exemplaire dont s'agit est relié en veau, avec fermoirs en cuivre.

Nous en joignons ici un *fac simile*, où la souscription
entière est transcrite.

On y voit que l'imprimeur a gardé l'anonyme. Nous
disions, dans la première édition de cet essai, que les
plus fortes présomptions se réunissaient pour désigner
Pierre Lerouge.

En effet, l'imprimeur que nous recherchions n'a dû
travailler que temporairement à Troyes, et à ce livre
seulement; car nous allons voir qu'il s'écoulera neuf

SPECIMEN

DU

BRÉVIAIRE DE 1483,

premier Livre imprimé à Troyes.

Explicit breuiariū secundū
ecclesie treceñ vsū. bene vi-
sum necnon correctū. Im-
pressumqz trecis atqz com
pletū vicesimaqnta mēsis
septembris. Anno dūi mil-
lesimoquadringentessimo.
octuagesimotertio.

années avant que l'imprimerie y fournisse une seconde preuve d'existence. Or, cette condition de presses ambulantes convient par excellence à celle de Pierre Lerouge. Il était établi, dès 1478, à Chablis, ville peu éloignée de Troyes, et y imprimait *le livre des Bonnes Mœurs*, de Jacques Legrand. En 1486, 7 et 8, il était établi à Paris; il y donna entr'autres des Heures de la Vierge, en latin, sur vélin, et *la Grande mer des Histoires*, où il prend le titre d'imprimeur du roi. En octobre 1490, il imprimait de nouveau, à Chablis, *les Sermons* de Maurice, évêque de Paris, et à la fin de la même année, il retourna à Paris s'associer avec Vérard.

Il est remarquable que *le 24 avril 1483*, il mettait la dernière main, *dans sa maison de Chablis*, au Bréviaire d'Auxerre. Rien de plus naturel qu'à la fin de la même année, il fût appelé à Troyes pour exécuter le Bréviaire du diocèse; surtout quand on ajoute que Guillaume et Nicolas Lerouge, qu'on regarde généralement comme ses fils, ont tous deux imprimé à Troyes postérieurement. On conçoit parfaitement, du reste, comment ce Pierre Lerouge n'imprimait d'ouvrages qu'au fur et mesure qu'ils lui étaient commandés, et comment il saisissait les occasions d'aller chercher de l'emploi en dehors d'une petite ville qui présentait peu de ressource.

Nous disions que la démonstration serait complette, si ce Bréviaire d'Auxerre, dont M. Tarbé me mandait qu'il existait un exemplaire sur vélin dans la bibliothèque de cette ville, présentait des caractères identiques à ceux de notre Bréviaire troyen.

Depuis lors, un bibliographe distingué de la capitale, M. Warée, a eu la curiosité de faire cette confrontation; il s'est procuré un feuillet de l'exemplaire sur vélin (tout à fait incomplet) du Bréviaire conservé à la bibliothèque d'Auxerre, et il s'est convaincu que ce que nous regardions comme chose probable était la vérité même.

Nous avons pu répéter la même épreuve, par le même moyen, grâce à la complaisance de M. le bibliothécaire d'Auxerre, et nous avons constaté une identité complette entre les deux impressions. Les caractères, de deux hauteurs, offrent exactement la même forme, les mêmes liaisons, la même ponctuation, les mêmes abréviations ; les capitales sont dessinées et coloriées de la même manière. En un mot, l'examen détaillé confirme sur tous les points une conviction que l'aspect général suffirait pour inspirer. Il en résulte qu'il est aujourd'hui démontré que *le premier livre imprimé à Troyes est sorti des presses de Pierre Lerouge.*

Ce ne fut que neuf années après et au mois de mars 1492, que parut le deuxième livre imprimé à Troyes, mais cette fois avec le nom de l'imprimeur Guillaume Lerouge. C'est un volume petit in-folio, gothique, sur deux colonnes, de 233 feuillets, sans chiffres ni réclames. Au frontispice est gravée en bois une salutation évangélique qui occupe moitié de la page ; au-dessous se lit le titre suivant :

Les postilles et expositions dès épistres et euvangilles domicales avecques celles des festes solenelles enssemble aussy celles des cinq festes de là glorieuse et très sacrée vierge Marie et aussi la passion de notre Saufveur et Rédempteur Jésus–Christ, translatées de latin en français, à la vérité du texte des quatre euvangélistes, et selon les concordāces des gloses et expositiõs de tous les saincts et exellents docteurs de notre mère saincte église.

Ce titre est encadré d'arabesques où les mots *Guillaume Lerouge, imprimeur,* se trouvent entrelacés. Dans le texte un grand nombre de vignettes font toutes allusion au texte de l'évangile qu'elles précèdent.

La souscription est ainsi conçue : *Si finisset les pos-*

*tilles, etc., imprimées à Troyes, par Guillaume Lerouge,
imprimeur de livres, et furēt achevées le pénultime jour de
mars mil* CCCC *quatre-vīgt et* XII.

C'est en négligeant de lire ce dernier chiffre XII qu'on
a créé la prétendue édition de 1480, erreur qui s'est
reproduite dans plusieurs Bibliographes.

Le nom de l'auteur de cette paraphrase, Nicolas de
Lyra, et celui du traducteur français, Pierre Desrey,
orateur troyen, n'y sont point énoncés.

Le volume est fort proprement exécuté pour l'é-
poque.

Je ne connais de ce livre que l'exemplaire qui m'appartient et qui est de la plus belle conservation.

Ce Guillaume Lerouge, à l'exemple de Pierre, n'a
très-probablement fait à Troyes que de courts séjours.
Il avait publié à Chablis, en 1489, les mêmes postilles.
Les Annales Typographiques nous le montrent domicilié
à Paris, en 1508, et peut-être s'y trouvait-il longtemps
auparavant. Il y donna cette année-là les Comédies de
Plaute. En 1512, il publia, pour le compte de Denis
Roce, un Lucain et un Salluste. Il se qualifiait *eximium
typographum,* et employait des caractères italiques qui
lui étaient propres.

La troisième impression exécutée à Troyes, dans le
15ᵉ siècle, nous a été fournie, non par les bibliographes
qui ne l'ont pas mentionnée, mais par nos recherches
dans la bibliothèque du Panthéon, si riche en cette
partie.

Ce volume petit in-8º gothique, de 52 feuillets sans
chiffres ni réclames, portant 5 pouces sur 3 pouces 6
lignes métriques, est intitulé ainsi :

*Privilegia et indulgentie fratrum minorum et predica-
torum. Hoc opus diligentissime deportatum fuit de curia
romana per rev. doctorem sacre theologie magistrum regi-*

naldum Groveti ordnis minorum. Impressum Tresis cum summa cura et diligentia p. p. ceptum ejus,

Anno dnice Incarnationis MCCCCXCVI.

Au verso et au recto du premier feuillet, on voit deux cordeliers gravés au trait.

Le mot *Tresis* pour *Trecis* a fait hésiter le rédacteur du catalogue (M. Daunou); il se demande si ce livre ne doit pas être attribué à Trésen, petite ville de Suède. Cette supposition aurait été facilement écartée, car Trésen, dont le nom se traduirait en latin autrement que par Tresis, n'a jamais figuré dans les fastes typographiques; aussi ce savant n'a-t-il pas persisté longtemps dans ce doute, car dans les tables finales du catalogue, le nom de Troyes est seul employé avec renvoi à cet article. Comme ce volume provient du fonds Letellier, nous espérions trouver quelque lumière dans le catalogue de l'archevêque de Rheims, par dom Clément; mais il se borne à cette note, *vetus editio.*

Pour nous, nous voyons là évidemment une production troyenne. Le volume en question, relié aux fleurs de lys, accolé à un autre opuscule sur le même sujet, imprimé à Angers en 1499, est certainement d'origine française. Je doute fort que les Cordeliers eussent une maison à Trésen dès 1496, et je suis certain qu'ils étaient établis à Troyes dès 1237.

D'après la règle des probabilités, la seule qui soit de mise ici, on donnera ce volume à Guillaume Lerouge, puisqu'il est l'imprimeur dont l'existence à Troyes est la plus voisine de l'an 1496.

Ce serait ici le lieu, dans l'ordre chronologique, où l'on devrait placer un *Missale Trecense*, imprimé in-4º, en 1500, chez J. Lecoq, dont l'abbé de St.-Léger avait donné connaissance à Grosley, et qui figure en effet avec cette date sur les catalogues imprimés de la bibliothèque nationale, coté B, 666. Mais un examen de cet

exemplaîre même, signalé par l'abbé de St.-Léger, nous
a fait voir que ce Missel n'avait en effet paru qu'en 1514.
Voici la cause de cette erreur qu'on aurait facilement
évitée en jetant les yeux sur le calendrier qui ne commence qu'à l'an 1514; en lisant la souscription : *Im-*
pressum anno millesio quingēn XIIII Kalendas maii, on
a rattaché à tort les chiffres romains aux Kalendes,
bien qu'ils soient imprimés en noir comme les mots qui
précèdent, et non pas en rouge comme les deux qui
suivent.

Par suite de cette rectification, il faut dire que, dans
l'état actuel des documents sur cette matière, l'imprimerie troyenne a souffert une interruption absolue
entre 1496 et 1509, date de la réimpression par J. Lecoq
du Bréviaire de 1483. Il existe même de cette lacune
une autre preuve que la preuve négative résultant de
l'absence d'imprimés. En effet, nous voyons, en 1497,
Nicolas Ludot, papetier juré de l'Université de Paris,
faire imprimer dans cette capitale, par J. Dupré, le superbe Missel troyen, dont on peut voir un exemplaire
dans notre bibliothèque publique.

En juin 1500, Pigouchet imprimait, pour Simon Vostre, les *Heures a l'usaige* de Troyes, petit in-8⁰.

En 1501, l'évêque Raguier faisait imprimer in-f⁰, dans
la même ville, ses status synodaux. En 1504, Thielman-
Kerver imprimait à Paris, avec sa supériorité ordinaire,
le Bréviaire de notre diocèse. On le conserve dans notre
bibliothèque publique, relié avec le Bréviaire de 1524.

En 1506 et 1507, Simon Vostre faisait imprimer à Paris
les Heures communes et les Heures de la vierge à l'u-
sage du diocèse de Troyes.

N'en peut-on pas conclure à bon droit que, durant
toutes ces années-là, il n'existait dans cette ville aucun
imprimeur qu'on pût charger de ces ouvrages d'une

vente assurée; car quelle apparence qu'on allât chercher au loin ce qu'on aurait trouvé chez soi avec beaucoup plus de facilité et d'économie?

En résumé, et jusqu'à nouvelle découverte, les seuls
ouvrages exécutés à Troyes, dans le cours du 15ᵉ siècle,
sont :

1º Le Bréviaire de 1483 ;

2º Les postilles de 1492 ;

3º Les priviléges de l'ordre des Cordeliers de 1496.

Nous ne comprendrons pas dans cette catégorie deux
ou trois ouvrages sans date que certaines présomptions permettent de faire remonter au-delà de l'an 1500.
De pareilles conjectures sont toujours fort contestables.
Il nous suffira, quand nous en viendrons à parler de ces
ouvrages, de mentionner les opinions dont ils ont été
l'objet. Chacun prendra parti dans le sens qui lui con-
viendra (1).

Nous nous sommes étendus sur ces premiers temps,
parce qu'ils sont les plus susceptibles de confusion et
les plus importants pour l'histoire de l'art. Pour les
temps postérieurs, nous nous bornerons à faire suivre
le nom de chaque imprimeur de la citation des ouvrages
dont on lui doit la publication, non pas de tous absolu-
ment, ce qui serait d'une longueur qu'aucune utilité ne
racheterait, mais de ceux qui se recommandent par leur
exécution ou leur objet (2). Nous en donnerons même
d'insignifiants quand ils pourront servir à constater

---

(1) Voyez aux articles de Guillaume et de Nicolas Lerouge.

(2) Nous insistons sur cette observation, parce que plusieurs
personnes, méconnaissant le plan dans lequel nous nous sommes circonscrits, nous ont signalé comme des omissions ce qui
n'était de notre part qu'une abstention volontaire annoncée à
l'avance.

l'existence d'un imprimeur ; et comme il est arrivé
tout naturellement que les presses troyennes ont été
surtout occupées à reproduire des ouvrages d'un intérêt
ou d'un usage local, il s'ensuit que cette partie de notre
essai formera une véritable bibliographie troyenne.

Pour la facilité des recherches, nous avons cru devoir
ensuite distribuer les mêmes imprimeurs d'après l'ordre chronologique, ce qui peut servir à lever certaines
difficultés en matière d'histoire littéraire. Par ce moyen,
le nom de l'imprimeur donnera à peu près la date du
livre, de même que la date du livre circonscrira singulièrement les recherches touchant l'imprimeur.

On verra dans cette revue que ce fut au 16e siècle
que la typographie troyenne jeta le plus grand éclat.
Quatre noms notamment se sont signalés dans la première moitié de ce siècle par une série d'ouvrages qui
feront toujours l'admiration des connaisseurs ; ce sont
ceux de Jean Lecoq, premier du nom, Nicolas Lerouge,
Nicole-Paris et Thibaut Trumeau. Véritablement, quand
on a sous les yeux leurs belles productions, on se prend
à penser que l'imprimerie n'a pas fait depuis trois siècles tant de progrès qu'on pourrait croire, et que la ra-
pidité des procédés, l'économie de la main-d'œuvre, ont
souvent été obtenues aux dépens de la bonne confection-
tion. Ici, au contraire, tout se réunit pour charmer les
yeux et pour défier l'action du temps. Blancheur et
force d'un papier toujours collé ou d'un riche vélin, vi-
gueur des encres agréablement contrastées, netteté des
caractères, correction des textes, élégance et originalité
des accessoires peints et gravés. Aussi nous n'hésitons
pas à réclamer, pour les hommes habiles que nous ve-
nons de nommer, une place distinguée à côté des Vérard, des Pigouchet, des Kerver, dont le nom et les
éloges ont chaque jour tant de retentissement.

Peut-être faut-il, en grande partie, attribuer le silence qu'ont gardé sur leur compte ceux qui dispensent la célébrité à l'extrême rareté de leurs productions aujourd'hui subsistantes. C'est une chose pénible à dire, mais sans les ressources que nous ont offertes les dépôts publics, nous serions dans l'impossibilité d'en parler. Durant un long temps la manie du nouveau a fait entièrement négliger ces beaux volumes et les a abandonnés à mille chances de pertes ; puis, quand l'opinion, cette fois plus éclairée, leur a rendu justice, des combinaisons mercantiles en ont dépouillé la France au profit de l'étranger. Ce sont surtout nos amis d'outre-mer qui, en pleine paix, nous font sur ce terrain une guerre désastreuse. Non contents d'avoir fait passer le détroit à toutes nos estampes anciennes, autre honneur de la France, à nos vitraux, à nos tableaux, à nos édifices eux-mêmes, ils ont accaparé la vieille librairie, au point qu'on peut dire à la lettre qu'un jour viendra où il faudra s'établir à Londres pour connaître les produits de l'art français.

Vers la fin de ce même 16e siècle, l'imprimerie troyenne refléta les opinions de l'époque. Elle multiplia les pamphlets anti-ligueurs et anti-papistes, avec une audace qui ne conjura pas toujours le danger.

L'édition princeps du Phèdre se place dans les mêmes années.

Au 17e siècle, l'imprimerie ne se soutint pas à la même hauteur. Elle changea de caractère et devint une branche de commerce qui prit l'extension la plus considérable. Rien de plus populaire que les sujets sur lesquels elle s'exerça. Sous le nom de Bibliothèque bleue, elle reproduisit les vieux romans de Chevalerie et de la Table Ronde, délices de nos ayeux, dont ils formaient toute la bibliothèque, puis les naïves Légendes des saints, avec moralités et complaintes, lectures ordinaires des veillées villageoises. On y joignait encore, à l'usage des esprits forts de ce temps-là, ce que les bibliographes désignent sous le nom de *soties*, *facéties*, petites pièces où la gaîté rachète ce que le genre a de grivois pour ne rien dire de plus. Cette collection, mal imprimée, sur du papier détestable, n'a pas laissé que d'être recherchée par les possesseurs des plus riches bibliothèques, et aujourd'hui encore, il faut payer des prix fort élevés certaines de ses parties, lorsqu'elles passent dans les ventes publiques.

Les mêmes presses étaient en possession de fournir l'Europe d'almanachs, dont les prédictions, en style de Nostradamus, étaient lues avec avidité et consultées comme règle de conduite dans les conjonctures les plus importantes de la vie. Chaque éditeur avait son astrologue juré. Ils se partageaient la confiance des consommateurs en raison de leur célébrité et de leurs bonnes fortunes d'à-propos. C'est ce qui fait dire sérieusement à Duval, dans ses Eléments de la géographie de la France : « La ville de Troyes est habitée de plusieurs bons marchands *et d'un bon nombre d'astrologues* (1). »

Il est bon d'ajouter, pour la satisfaction des amateurs, que la ville de Troyes, aujourd'hui comme alors, est en mesure de satisfaire aux commandes, quelque nombreuses qu'elles soient, d'almanachs et de prédictions ; mais ces dernières ont un peu perdu de leur crédit.

Au commencement du 18ᵉ siècle, l'imprimerie troyenne partagea avec les autres industries les fâcheuses consé-

---

(1) Il (Boileau) a beau se glorifier du grand débit que l'on fait de ses satyres, ce débit n'approchera jamais de celui de Jean de Paris, de Pierre de Provence, de la misère des Clercs, de la Malice des Femmes, ni du moindre des almanachs imprimés à Troyes, au Chapon-d'Or (Charles Perrault, préface de l'apologue des femmes).

quences des guerres de succession qui, comme on sait,
avaient fait un désert de notre cité. Ce n'est pas sans
peine qu'on voit, en 1718, l'imprimeur de l'évêché re-
courir à son confrère Colombat, de Paris, pour donner
le Bréviaire de M. de Chavigny; mais plus tard la veuve
Michelin répara dignement cet échec, en exécutant le
beau Missel de 1736.

Notons encore qu'en 1725, il sortit des presses troyennes un petit volume d'un haut intérêt. Nous voulons
parler de l'édition princeps des lettres de Mᵐᵉ de Sévi-
gné à sa fille, qui est certainement un des volumes les
plus rares et les plus intéressants qui puissent enrichir
le cabinet d'un amateur.

Il n'entre pas dans notre plan de parler des imprimeurs contemporains; pour asseoir un jugement sur les
hommes comme sur les choses, il convient d'en être à
une certaine distance. Mais nous pouvous dire au moins
qu'ils se montrent dignes de leurs aînés. A voir en ce
moment l'émulation qui les anime, leur empressement
à se tenir au courant de tous les perfectionnements,
les travaux considérables qu'ils exécutent, tant pour
la localité que pour la librairie parisienne, on est sûr
de ne pas être démenti par l'évènement, en assurant
qu'ils fourniront des pages intéressantes à ceux qui
continueront la présente notice.

Rien n'annonce que les imprimeurs de Troyes aient
été régis par des statuts particuliers. Aucune mention
n'en est faite dans les registres de la communauté, qui
nous ont été communiqués à partir de 1700. Il est probable qu'à l'exemple de ceux de Lyon, qui, d'après
l'ordonnance du 28 décembre 1541, suivaient les règlements donnés pour Paris dans l'édit du 31 aout 1539,
ils se réglaient sur la capitale dont ils étaient plus voisins. Ils ne paraissent point non plus avoir été astreints
à fixer leur domicile dans un quartier déterminé, comme

leurs confrères parisiens, qui, sous peine de fortes amendes, étaient obligés d'habiter le quartier de l'Université dit quartier Latin. Nous voyons les nôtres habiter indifféremment les quartiers les plus opposés. Pourtant on remarque que certaines rues leur étaient particulièrement affectées ; à savoir : la place de la Belle-Croix (de l'Hôtel-de-Ville), les rues du Temple et de Notre-Dame. Certaines circonstances nous ont même fait conjecturer que cette dernière rue a été leur berceau. C'était au *beau portail* de Notre-Dame-aux-Nonains que se tenaient leurs assemblées jusqu'en 1728, qu'ils se réunirent rue de la Vierge. C'était encore à l'église Saint-Jacques, annexe, comme on sait, de l'abbaye Notre-Dame, qu'ils célébraient leurs solennités religieuses, et notamment la fête de saint Jean-Baptiste, sous le patronage duquel ils s'étaient placés.

Leur nombre a singulièrement varié; après avoir roulé dans les 16e et 17e siècle entre quatre et sept, il s'éleva successivement jusqu'au nombre de onze que nous avons relevé sur une liste officielle pour l'an 1702. En 1720, ce nombre était descendu à six. Le règlement de la librairie, du 21 juillet 1701, qui fixait le nombre d'imprimeurs pour chaque ville, n'en accordait que quatre à Troyes. Un arrêt du conseil, du 31 mars 1739, les réduisit à trois; mais cette limite ne fut jamais gardée à la rigueur, soit à raison du privilège des veuves d'exercer leur vie durant en dehors du nombre prescrit, soit pour d'autres causes de tolérance. En 1740, ils étaient cinq, et trois en 1789.

Cette année 1851, on compte à Troyes six imprimeurs et trois lithographies.

La communauté comprenait aussi les libraires. Ceux-ci avaient eu vivement à souffrir de la découverte de l'imprimerie, qui est venue partager les bénéfices des livres dont ils avaient jusque-là le monopole. Il s'ensuivit une de ces perturbations par lesquelles il faut presque toujours acheter les découvertes les plus utiles, et qui souleva d'innombrables réclamations. Pourtant les libraires conservèrent une existence indépendante. Nous les trouvons représentés à toutes les époques dans un nombre qui varie en proportion de la bonne ou mauvaise fortune de ce genre d'industrie. En 1702, ils étaient six, sept en 1720, deux en 1760; en 1789, il n'en existait qu'un qui ne réunît pas l'imprimerie à la vente des livres. Ils se recrutaient habituellement de fils d'imprimeurs. Ils ne faisaient tous pour ainsi dire qu'une même famille.

Nous n'aurions rien de plus à dire des libraires si, en considérant la série d'années dont nous nous occupons, nous n'apercevions précisément au commencement et à la fin deux noms qui méritent une mention particulière.

Le premier est Macé Panthoul, qui florissait vers l'an 1500; car c'est chez lui *grant rue, à l'enseigne de Saint-Jean l'évangéliste près le Pélican,* que se vendaient les statuts synodaux publiés en 1501. Il avait pour emblème ses initiales MP en écusson, supportés par deux *paons,* surmontés d'un *houx,* ce qui formait des armes parlantes suivant le goût de ce temps. Il devait faire un négoce considérable, car il employait plusieurs imprimeurs de Troyes et de Paris ; il s'associa quelquefois avec Simon Vostre, notamment pour le Bréviaire du diocèse de 1504, et ce n'est pas une mince recommandation que de se présenter à côté de l'éditeur de si beaux volumes. Il est propable qu'il exerçait déjà dans les dernières années du 15e siècle, et qu'il a assisté à la révolution qui s'opéra alors dans le commerce des livres. Ses tablettes devaient offrir un mélange curieux d'ouvrages qui seraient aujourd'hui d'un prix inestimable. On ne pouvait y voir en effet que les éditions du 15e siècle, depuis si recherchées, et les beaux produits de la calligraphie qui sont aujourd'hui couverts d'or par les amateurs.

Qui sait si les doctes Troyens de ce temps-là ne se réunissaient pas chez le libraire Macé Panthoul, pour deviser des évènements littéraires qui étaient considérables alors, car il ne s'agissait de rien moins que de la résurrection des auteurs classiques qu'on retrouvait et qu'on reproduisait de toutes parts.

C'est ainsi qu'on a vu à Paris les libraires des rues St.-Jacques et de la Harpe, recevoir dans leurs boutiques obscures les premiers personnages de la magistrature et du barreau, dans le 16e siècle. Tout en faisant leur choix parmi les éditions du jour, ils se communiquaient le résultat de leurs travaux dans la jurisprudence et la littérature, qu'ils ne séparaient point l'une de l'autre, et remplaçaient, par ces conférences familières, les sociétés savantes qui ne furent fondées que long-temps après.

L'autre libraire dont nous voulons dire quelque chose est M. Jacques Sainton, dernier syndic de la communauté, mort depuis quelques années.

Il a été dans notre ville le dernier représentant des suppôts de l'ancienne librairie, qui, au grand regret des gens de lettres, deviennent rares en tous pays. Les hommes dont nous parlons, bien pourvus de connaissances techniques et même quelque peu littéraires, aimaient autant les livres pour eux-mêmes que pour le lucre qu'ils en retiraient. Ce n'était pas sans un soupir qu'ils échangeaient un Elzévir à grandes marges, ou un exemplaire en grand papier, contre l'or d'un riche client. Ils possédaient, par la force seule de leur mémoire, la science des éditions diverses et de leur valeur vénale, science qu'on ne trouvait pas alors toute faite dans des livres que tout le monde peut consulter. Plus d'un auteur leur a dû des

indications utiles, et ne leur en a pas toujours fait honneur. Tel était M. Sainton, tel le reconnaîtront, nous le
pensons, les personnes qui ont eu des rapports avec lui :
pour notre part, nous avons plus d'une fois regretté de
ne plus être à même de le consulter sur l'objet de cet
essai. Nous l'aurions certainement enrichi de particularités curieuses sur l'histoire littéraire et typographi-
que de notre ville, dont la tradition a péri avec lui.

NOTICE ALPHABÉTIQUE

DES IMPRIMEURS TROYENS,

de 1483 à 1789.

***

ADENET (Edme), imprimeur-libraire.

ADENET (Yves), imprimeur-libraire.

Nous n'avons connu l'existence de ces deux imprimeurs que par la procédure suivante, dont les pièces sont conservées aux archives départementales :

En 1677, le 3 avril, en vertu d'un arrêt du parlement, rendu le 13 octobre 1672, sur les plaintes du clergé, Charles Lebé, chanoine promoteur de l'officialité, fit assigner Edme et Yves Adenet, et plusieurs autres imprimeurs troyens, chez qui des perquisitions avaient été opérées, pour faire ordonner la destruction d'un livre intitulé : *le Tombeau de la Mélancolie, ou le vrai moyen de vivre joyeux,* par le sieur D. V. G., et autres ouvrages de ce genre. La sentence fut prononcée par le prévost Vigneron, avec défense, sous peine de 500 ʰ d'amende, de rien faire imprimer sans permission de l'autorité et déclaration préalable.

ADENET (Jean) imprimait dès 1702. Il occupait en 1720 la maison de l'*Orange-d'Or*, au coin de la rue de la Petite-Tannerie, du côté de la Préfecture. Si l'on en croit une tradition consignée par l'abbé Tremet, dans des Mémoires que nous avons eus sous les yeux, cette maison aurait été habitée par les Lecoq, et serait ainsi l'un des berceaux de notre typographie. Mort en 1731.

Il faisait un commerce considérable d'almanachs qu'il faisait débiter à Paris, par le libraire Lesclapart. On a de lui : *OEuvres diverses de poésie du sieur Jean D. L. F.* (de la Forêt). Troyes, 1693, in-12.

—— (sa veuve) lui succéda, en 1731, pour peu de temps.

ANDRÉ (Adrien-Paul-François), place de l'Hôtel-de-Ville, entra en exercice vers 1782.

A imprimé en partie *les procès-verbaux de l'assemblée administrative du département de l'Aube,* pour les années 1790 à 1793. Troyes, 1791 et années suivantes. 3 vol. in-4°. Ce conseil s'assemblait dans la maison qui fait le coin des rues des Lorgnes et du Mortier-d'Or ; ses séances étaient publiques. Ces procès-verbaux devront être consultés par ceux qui voudront connaître la transition de nos anciennes administrations à celles fondées par la révolution. Ils abondent en détails statistiques d'un grand intérêt. A imprimé, depuis 1782, *l'Almanach de la ville et du diocèse de Troyes* (par MM. Courtalon-Delaistre et Simon), 1776—1791, 16 vol. in-24. On trouve à la fin de chaque volume, quelques faits ou pièces intéressant la localité.

BALDUC (Jacques) a demeuré rue Notre-Dame, puis dans la Grande-Rue, près le Griffon. Il avait pour emblème un pélican se saignant pour ses petits. BT (1).

Il a imprimé en 1635 *les OEuvres de Malherbe, in-8°.*

---

(1) Nous marquerons de ce signe les volumes qui se trouvent dans la bibliothèque communale de Troyes.

BT., et en 1640, *l'Office propre des Fêtes à l'usage des religieuses de l'Abbaye Notre-Dame de Troyes, pet. in-4º de 75 p.*, avec lettres rouges et noires, fort proprement exécuté. BT.

BERTHIER (JEAN). On a de lui : *les Feux de joie de la France, pour l'heureuse alliance de son roi avec l'infante d'Espagne*, en mars 1612, pet. in-8º, s. d. 7 f^{ets}.

— (CLAUDE). On a vendu en 1850, dans les salles Jannet, le volume suivant (bibliothèque de M^r. D. G.) : *Etat de l'ordre que le roi a voulu qui soit observé dans la punition des rebelles de la ville de Dijon,* 1630, in-8º.

BLANCHARD (JEAN), *dit* CHEVILLOT, imprimeur du roi, demeurait rue Notre-Dame, aux armes de France. En 1646, il était associé avec Chevillot, dont le nom lui resta. En 1666, il travaillait seul et imprimait les actes de l'autorité publique. Nous citerons le *Règlement des Prisons*, par les officiers du bailliage, le 4 novembre 1643, 11 pp. in-4º.

—— (LOUIS), imprimeur du roi et de la ville.
Nous avons vu des pièces sorties de ses presses, depuis 1675 jusqu'en 1691. Nous nous bornons à mentionner la *Mairie et échevinage de Troyes, etc.* 1679, in-8º, recueil de pièces fort incomplet sur cette matière. La première pièce est le procès-verbal d'exécution de l'arrêt de 1493, contenant l'établissement des maire et échevins; la dernière est un arrêt du conseil d'août 1670, touchant les droits sur les vendanges. Je possède une première édition, moins ample, in-4º, 36 pages, 1612, sans nom d'imprimeur.

Sa commission, comme imprimeur du roi, est du 9 avril 1670; le 3 mars 1706, il se démit en faveur de Pierre Michelin.

BOUILLEROT (François). Il était mort en 1692. Cette année-là, sa fille Marie, âgée de 25 ans, déposait dans une instruction criminelle, et se qualifiait fille de défunt François Bouillerot, imprimeur-libraire à Troyes.

BOURGOIN (Pierre) a exercé à partir de 1699; ne fut pas maintenu par l'arrêt du conseil de 1739. Nous ne connaissons de lui qu'un grand nombre de factums pour procès.

BOUVILLON. On a de lui : *Tableau de la vie du glorieux saint Bernard*, par Duval, 1647, in-8°. Catalogue Nyon Vallière, n° 15719.

BRIDEN (Edme) demeurait rue Notre-Dame, à l'enseigne du nom de Jésus.

A imprimé, en 1601 : *l'Amour divin, tragédie par Jean Gauché*, in-8°, cat. Nyon Lavallière.

En 1620 : *Tragédie française des amours d'Angelique et Medor, avec les furies de Roland*, in-8°, 37 ff. Soleine.

En 1627 : *la Vie de Jésus-Christ*, in-12. BT.

—— (Claude). On a de ses presses.

En 1621 : *Histoire et discours du siége qui fut mis devant la ville d'Orléans par les Anglais*, in-12. Bibliophile Jacob, n° 807.

En 1630 : *Recueil général des Caquets de l'Accouchée, le tout enquété par dames, demoiselles, bourgeoises et autres*, in-8° de deux feuillets liminaires, et 94 feuillets non chiffrés. Rare.

— (Blaise) imprimait dès 1654, demeurait rue du Temple. Nous avons vu de lui : *Extrait des Fondations en l'Eglise Saint-Jean de Troyes*, 1655, in-12.

— (GABRIEL). Son existence nous a été révélée seulement par les deux circonstances suivantes :

1o En 1677, il figure parmi les imprimeurs poursuivis pour publications contraires aux mœurs. (Voir au mot Adenet.)

2o En 1703, il est partie dans un procès soutenu par ses confrères, contre Jacques Oudot.

— (CHARLES) demeurait, comme les précédents, rue du Temple. Il s'intitulait : imprimeur-libraire et relieur; il avait pour enseigne : A la Grande-Bible. Plus tard, il arbora les armes de l'évêché, dont il était imprimeur. Il mourut en 1724. On connaît de lui :

En 1708, *Præfationes cum cantu,* in-4o. BT.

Vers 1721, Relation d'un voyage fait à la Trape, par le très-révérend père Chantreau, prêtre de l'Oratoire. S. D. Mais le privilège est de 1721.

Il a fait exécuter chez Colombat, à Paris, le bréviaire de 1718, donné par M. de Chavigny, et auquel l'abbé Breyer a travaillé.

—— (sa veuve) lui succéda, en 1725, pour peu de temps.

CHARBONNET (LÉGER). Il est cité comme un des plus féconds éditeurs d'almanachs et de pronostications, pour la première moitié du 17e siècle. Il a imprimé le *Journal de M. le cardinal de Richelieu,* des années 1630 et 1631. Troyes, 1652, in-12. BT.

CHEVILLOT (PIERRE), imprimeur du roi, rue Notre-Dame, dans les premières du 17e siècle.

Nous citerons de lui :

1603. *Bulengerius de Theatro.* BT. Jules-César Boulenger, antiquaire, auteur de ce traité et de beaucoup d'autres, était né à Loudun, de Pierre Boulenger, troyen.

Cette édition fait d'autant plus d'honneur à l'imprimeur, qu'elle est hérissée de passages grecs, rendus très-correctement, et en caractères grecs qui ne le cédaient point à ceux de l'imprimerie royale. Les planches en sont gravées avec beaucoup de propreté, par Edme Charpy, artiste troyen.

1604. *De l'Humanité de J.-C.*, traduit de l'italien, par M. l'Arrivey, chanoine de Saint-Etienne, in-8°. BT.

1611. *Trois Comédies des six dernières de Pierre l'Arrivey*. Troyes, petit in-12, lettres rondes, 5 ff. préliminaires. 1re comédie, 6. 90; 2e, 78; 3e, 149 feuillets chiffrés. Chaque pièce a un titre particulier : se réunit au premier volume imprimé à Rouen, en 1601, chez Dupetit Val. Ce dernier est moins rare, et s'obtient pour 9 à 10 fr. Les trois comédies n'ont été imprimées qu'une fois. Les deux volumes vendus 154 f. Soleine.

1622. Le texte de la coutume de Troyes, in-16.

1635. *La Parfaite Solitude*, par Jean Saigeot, in-8°.

—— (Antoine), imprimeur du roi, demeurait rue Moyenne, devant Saint-Urbain, de 1637 à 1643; s'est associé avec Blanchard, qui lui a succédé.

Enrichidium sive antiquitatum prioratus. Machereti syntomia ex ejusdem syngraphis collecta (autore F. Bertrand), 26 pp. in-8°. Trecis, apud A. Chevillot, 1639.

Le Trésor Spirituel caché dans l'Eglise Papale de Saint-Urbain, pape et martyr, par de Benoist. Chez A. Chevillot et Jean Blanchard, aux armes de France et de Navarre, 1652, in-8°, 48 pages.

CLÉMENT (Denis) était associé avec Noël Laudereau. (Voyez ce nom.)

COLLET (Jean), imprimeur du roi. Dans le commencement de son exercice, il demeurait *è regione syrenis,* ce qui veut dire sur la place actuelle de l'Hôtel-de-Ville, car le logis de la sirene ou sereine, comme on écrivait alors, occupait à peu près l'emplacement du n° 1er de la Grande-Rue. Vers la fin il était établi rue Notre-Dame, au coin de la Petite-Tannerie.

A donné, en 1578, l'*Office du soir à l'usage de Troyes,* in-12. BT. ; en 1580, *Missale ad usum ecclesiæ Trecensis,* 2 vol. in-4°, sous l'épiscopat de M. de Bauffremont. Ce dernier ouvrage, bien exécuté, avec rubriques et vignettes, le place au nombre des bons imprimeurs. L'exemplaire conservé à la bibliothèque nationale a appartenu au doyen Vestier, et porte son nom, en toutes lettres, frappé sur la couverture du livre. C'était un des personnages les plus considérables de notre cité au 17e siècle. Il fut député en juin 1643, par le clergé du diocèse, pour prêter serment de fidélité au jeune roi Louis XIV.

Jean Collet a donné, en 1602, *Déclaration du Roy, contenant permission de recevoir toutes monnoyes sans poiser,* in-8°.

Il exerçait encore en 1609.

DUBARRY (EDME) exerçait vers 1670.

—— (sa veuve) a figuré en 1677 parmi les imprimeurs poursuivis pour détention d'ouvrages prohibés. (Voir au mot Adenet.)

—— (NICOLAS) demeurait Grande-Rue, vis-à-vis la Belle-Croix. On sait que ce monument, détruit comme tant d'autres en 1792 (voyez le journal de Troyes du 10 octobre, même année), était érigé à droite et en avant de notre hôtel-de-ville. Il exerçait déjà en 1702, et mourut en 1710.

Il a imprimé plusieurs ouvrages du savant abbé Breyer, et entr'autres le suivant : *Lettres de saint Loup, évêque de Troyes, et de saint Sidoine, évêque de Clermont, avec un abrégé de la vie de saint Loup*. Troyes, 1706, in-8o. Les termes très-généraux de ce titre ont abusé les derniers traducteurs de Sidoine Apollinaire. Lyon, 1836, 3 vol. in-8o. Ils comptaient trouver quelque secours pour leur travail dans cet ouvrage, et déclarent dans leur préface qu'ils l'ont fait rechercher dans les bibliothèques de Paris, de Lyon et même de Troyes, et inutilement, à leur grand regret. Ils se consoleront aisément de ce contre-temps, quand ils sauront que cette prétendue traduction se réduit à une brochure de vi et 34 pages, contenant deux lettres seulement, avec le texte en regard, savoir : la lettre unique de saint Loup, conservée par dom d'Achery, tome V, page 579 de son spicilége, et la réponse de Sidoine (1er du 6e livre). Le tout est précédé d'un précis de la vie de saint Loup, qui occupe 18 pages. Un frontispice gravé dans le style de Thomas de Leu, moins son talent, représente le saint, en pied, avec les insignes de l'épiscopat, foulant aux pieds l'hydre de l'hérésie. Nous avons relevé ces détails sur un exemplaire qui se trouve dans la bibliothèque de M. Thiérion père.

—— (sa veuve) lui succéda en 1710, et exerça peu de temps.

DE LETTIN (Guillaume) demeurait, en 1620, rue du Cheval-Rouge. En 1641, il demeurait place Saint-Urbain, où il publia l'ouvrage suivant : *Calendarium omnium festorum totius anni secundum usum insignis ecclesiæ regalis sancti Stephani trecensis august. tricass. apud Guillelmumde Letin in areis sancti Urbani*, 16 feuillets non chiffrés. Au frontispice on a gravé les armes de Champagne (bibliothèque de M. Harmand). En 1640, il a publié une édition in-16 de l'histoire de Macherets, plus ample que celle de 1639. (Voir art. Chevillot.)

DEMOJOT (Denis) imprimait, en 1652, le Bréviaire de M. Mallier, de société avec François Jacquard. (Voyez ce nom.)

DESCHAMPS (Philippe) a donné, en 1578, *les Mémoires et Recherches de Dutillet*, in-8°. Dans ce volume, d'une exécution presque elzevirienne, les lettres initiales de chaque chapitre sont ornées.

DURUAÜ (Jean), imprimeur du 16° siècle. Il a publié, en 1577, *deux Hymnes de saint Prudence, traduites par Pierre de Montchault,* alors principal du collége de Troyes. On citera encore : *Vie et Passion de madame Sainte-Marguerite,* en vers, sans date, gothique.

—— (Nicolas) a imprimé, en 1584, *la Vie de saint Flavit,* par Gilbert, jacobin, et en 1590, *le premier Recueil de toutes les Chansons nouvelles, tant amoureuses, rustiques, que musicales,* in-16.

—— (Pierre), imprimeur et libraire, demeurant rue Notre-Dame, a imprimé, en 1628, la Coutume de Troyes, avec le Commentaire de Pithou, in-4°. C'est une des bonnes éditions; et en 1629, *le Paranymphe des Dames,* par Nicolas Angenoust, conseiller au présidial de Troyes, in-8° de 272 pages, avec un frontispice gravé avec assez de finesse, par Picquet, troyen. C'est une maussade compilation en prose de passages des auteurs anciens et modernes, à la louange des dames. BT. On a encore de lui : *les Prophéties de M. Michel Nostradamus, revues et corrigées sur la copie imprimée à Lyon, par Rigaud, en l'an 1568,* petit in-8°, feuillets chiffrés en deux séries, de 63 et 64. S. D.

A ce volume est joint : *Recueil des Révélations tant anciennes que modernes, etc.,* même format, 63 feuillets sans la table. Vendu 13 fr. Crévenna.

FEVRE (CLAUDE), ou **LEFEVRE**, car cette famille si-
gnait indifféremment des deux manières; mort en 1705.

Il habitait, en 1655, la rue Moyenne, à l'enseigne du
Point-du-Jour; il y imprima, cette année-là, le *Traité
des Restitutions*, in-8°, par Louis Legrand, commentateur
estimé de notre coutume. Les premières pages sont
occupées, selon l'usage du temps, par de petites pièces
de vers composées à la louange de l'auteur, en diverses
langues. Le quatrain suivant donnera une idée de leur
manière hyperbolique :

> Alexandre conquit la terre,
> Et Legrand ravit les esprits :
> Ce que l'un fit avec la guerre,
> L'autre le faict par ses escrits.

> *Signé* COPPOIS.

Dès 1671, on le voit transféré dans la Grande-Rue, à
l'Image-Saint-Jean-Baptiste, qui est représentée au frontispice de ses livres. En 1683, il imprima *les Titres de la
fondation de l'église collégiale de Saint-Urbain de Troyes*,
in-4°. BT.

—— (JACQUES Ier), fils du précédent, exerçait depuis
1680, concurremment avec son père; est mort en 1738. Il
était en même temps libraire, et demeurait dans la
Grande-Rue, à l'Image-Saint-Augustin. Il donna, en
1688, *l'Oraison Funèbre de madame Anne de Choiseul,
abbesse de Notre-Dame*; en 1715, le texte de la coutume
de Troyes, in-18; en 1702, *la Vie de E. Roy, curé de
Persée*, par M. Morel, deuxième édition in-12. C'est lui
qui a imprimé *les Vies de saint Prudence, évêque de Troyes,
et de sainte Maure, vierge*. Paris, 1725, in-12, par Breyer.
La vie de saint Prudence est tirée de divers auteurs.
La vie de sainte Maure est la traduction d'un sermon de
saint Prudence, sur la vie et la mort de sainte Maure,

dont le texte a été conservé par Camusat. Elle est suivie de notes qui sont autant de petites dissertations fort curieuses sur divers points de discipline ou d'antiquité ecclésiastique. Le même genre d'intérêt recommande *la Défense du culte de saint Prudence, et la Suite de la défense,* publiés à Paris, par le même auteur.

Dans la même année 1725, sortit de ses presses ce qu'on peut appeler l'édition *princeps* des lettres de Mme de Sevigné à Mme de Grignan, car celles de Rouen et de la Haye n'ont paru qu'en 1726.

C'est un volume petit in-12 de 75 pp., contenant 31 lettres ou fragments de lettres de 1670 à 1676. Le titre est ainsi conçu : *Lettres choisies de Mme la marquise de Sevigné à Mme de Grignan, sa fille, qui contiennent beaucoup de particularités de l'histoire de Louis XIV.* Au frontispice se trouve une sphère, et au bas le millésime MDCCXXV, sans nom d'imprimeur ni de lieu.

L'existence de cette rareté bibliographique m'était dès longtemps connue par une note de l'édition de 1754, page XI, ainsi conçue :

« On ne dit rien d'une brochure imprimée à Troyes,
» qui contenait un choix d'environ 50 lettres de Mme de
» Sevigné, qui parut peu de temps avant que les éditions
» de Rouen et de la Haye fussent connues. »

Cette existence était encore constatée par le passage suivant, de la réponse au supplément du siècle de Louis XIV (par La Beaumelle). Colmar, 1754, in-8°, page 122.

« J'arrivai, dit La Beaumelle, à Postdam, le 14 novem-
» bre 1751 ; j'y vis M. de Voltaire quatre heures de suite.

» Il me parla de son siècle de Louis XIV. Je lui parlai
» de mes lettres de Maintenon. Il me demanda à les voir ;
» je me rappellai qu'un certain manuscrit des lettres de
» Sevigné, que Tyriot lui avait prêté, s'était trouvé im-
» primé à Troyes.

» Je lui refusai le mien, etc. »

On sait en effet, d'ailleurs, que, dès le mois de mai 1725, Tyriot avait un manuscrit de Sevigné, qu'il avait trouvé ou pris chez l'abbé d'Amfreville.

Ce ne fut qu'au mois de juillet 1847 qu'il me fut donné d'en voir un exemplaire. Il appartient à M. Harmand, bibliothécaire à Troyes, qui l'a rencontré au milieu de livres sans valeur. Il avait fait partie de la bibliothèque de M. Claude Huez, seigneur de Vermoise, conseiller au bailliage de Troyes, dont il porte la signature. Ce magistrat, dont je possède plusieurs recueils et manuscrits, comme lui appartenant par alliance, était un ami éclairé des lettres. Il a fait relier ce petit volume avec l'édition de 1726 en petits caractères, et y avait joint des extraits de journaux du temps sur ces publications.

Le même a écrit ces mots sur le frontispice : *A Troyes, chez Jacques Lefevre*. Cette attribution est complètement confirmée par la comparaison des caractères sortis de ses presses, et même par la reliûre du volume dont les fers sont reproduits sur d'autres volumes qui se vendaient dans son officine, et que je possède.

Je m'empressai d'en faire part à M. de Montmerqué, auquel reviennent de droit toutes les découvertes concernant la femme célèbre à laquelle il a consacré et consacre encore ses veilles. J'arrivais trop tard, il en avait eu connaissance, quelques mois auparavant, à la bibliothèque de l'Arsenal.

Cette édition de 1725, quelqu'écourtée qu'elle soit, ne sera pas consultée sans utilité par les futurs éditeurs des lettres. On y trouve plusieurs variantes, même des passages non compris dans les dernières éditions.

On y trouve, par exemple, un billet de Mme de Grignan à son mari, que nous insérerons ici pour dédommager le lecteur de la sécheresse de ces recherches. Il a tout le mérite de l'inédit, car il n'a jamais été réimprimé.

Elle lui annonce la naissance de Marie Blanche, dont elle venait d'accoucher, en ces termes :

« Si ma bonne santé peut vous consoler de n'avoir
» qu'une fille, je ne vous demanderai point pardon de
» ne vous avoir pas donné un fils. Je suis hors de tout
» péril, et ne songe qu'à vous aller trouver. Ma mère
» vous dira le reste. »

Suit la lettre de Mme de Sevigné, du 19 novembre 1670, qui se trouve dans toutes les éditions.

—— (JACQUES II), fils du précédent, lui succéda en 1738, et mourut en 1756.

Ce fut chez lui qu'en 1744 parut, sous la rubrique de Liège, chez G. Barnabé, la première édition des prétendus *Mémoires de l'académie des sciences, inscriptions, belles-lettres, beaux-arts, etc., ci-devant établie à Troyes, en Champagne,* 1 vol. in-8°. Grosley donne quelques détails sur cette publication dans ses *Commentarii de vita sua,* morceau d'un talent original, qu'on regrette de ne pas voir achevé, car il eût été, à coup sûr, son plus beau titre littéraire. Il composa les Mémoires de l'académie troyenne, en société avec deux de ses amis, David et Lefebvre. Pour subvenir aux frais d'impression, ils eurent besoin d'emprunter cent écus à la vieille Marie, servante de la maison Grosley. On n'en vendit à Troyes que quatre exemplaires ; mais à Paris ils furent mieux appréciés, et l'édition s'écoula rapidement. C'est, comme on sait, un recueil de dissertations sur des sujets plus ou moins burlesques, où les formes de l'érudition et la manie des citations sont parodiées dans la manière du Mathanasius. L'édition princeps ne contient que trois dissertations et trois discours. Elle est rare et recherchée, et a été portée dans les ventes à 30 f. et au-delà.

En 1756, l'un des auteurs (Lefebvre) donna à Paris, chez Duchêne, une deuxième édition en deux volumes.

in-12, avec frontispice gravé et augmenté de cinq morceaux marqués d'un astérisque à la table.

En 1768, Grosley reproduisit à Troyes la précédente, en un volume in-12, sans nom de lieu ni d'imprimeur. Il y ajouta une lettre sur les fous en titre d'office.

Les autres prétendues éditions n'ont que le titre de changé.

—— (sa veuve) demeurait Grande-Rue, près Saint-Urbain. Elle lui succéda en 1738; n'exerce plus dès 1769. Elle imprima, en 1765, *l'Esprit de la Coutume de Troyes*, par Thériot, 1 volume in-8°, avec une carte géographique du territoire régi par cette coutume.

En 1769, elle imprimait : *Etrennes spirituelles dédiées à l'abbesse de Notre-Dame* (en vers), in-18.

—— (JEAN-JACQUES), fils des précédents, succéda à sa mère, en 1769. Dans sa requête, afin d'admission, il relève comme un titre d'honneur, qu'il sera le quatrième imprimeur de son nom, de père en fils.

GARNIER (CLAUDE), dit SAUPIQUET, imprimeur du roi, *demorant en la Petite-Tennerie, sur le premier pont, tenant sa boutique rue Notre-Dame, vis-à-vis la Croix-Blanche.*

Il a imprimé, entr'autres, 1582, *Table de l'origine des anciens Français, par Nicolas Vignier*, in-4°.

1583. Tous les arrêts rendus par la cour des grands jours, qui se tint à Troyes, cette année. Cette session commença le 9 septembre, et finit vers Noël. Il y avait dix-huit conseillers présidés par M. de Moulsaut. L'avocat du roi était M. Despeisses. Jolie impression elzevirienne.

1538. *Les Triomphes de Pétrarque*, mis en vers français, par J. Ruyr, in-8°; *l'Importunité et Malheur de nos Ans,* in-8º, en vers, par Balthasar Bailly, conseiller à Troyes. 40 pages (1).

—— (Pierre), mort en décembre 1738. On le surnommait l'aîné, pour le distinguer de Pierre Garnier fils, libraire. Il avait d'abord demeuré place Saint-Jacques, où il donna la tragédie de sainte Reine; puis il était établi dans l'avant-dernière maison de la rue du Temple, du côté de la porte Croncels, à l'enseigne des Trois-Marchands. Pendant près d'un demi-siècle, il fut un infatigable reproducteur du fonds de la bibliothèque bleue. Plus curieux de faire beaucoup que de bien faire, il apporta fort peu de soin au choix du papier et à l'impression. Bien que destinées dans l'origine aux dernières classes de la société, il est arrivé que la rareré ou la singularité de quelques-unes de ses publications leur ont fait trouver grâce auprès de certains bibliomanes. Son catalogue formerait un volume. Extrayons-en quelques articles pour caractériser cette spécialité dont les almanachs étaient un annexe considérable.

1705. *La Grande Bible des Noëls, tant anciens que nouveaux, in-8º, 1725. Tabarin.*

1728. *La Grande Danse Macabre*, in-4º, 38 feuillets. *Le Compost et Calendrier des Bergers*, in-4º.

1731. *L'arrivée du brave Toulousain, etc., et la Fameuse Harangue faite à l'assemblée générale des Savetiers.* Vendus les deux 20 f. Ch. Nodier.

1739. *Le Grand Calendrier et Compost des Bergers.* Fig. Bibliot. Huzard.

Pourtant, en 1696, il sortit de chez lui un petit mémoire historique fort curieux. Nous voulons parler du

---

(1) Voyez-en un extrait par M. Simon, dans le nº du 13 novembre 1782 des *Annonces, Affiches et Avis divers de Troyes.*

Mémoire chronologique des foires de Champagne, par l'a-
vocat Desmarets, in-8°, 8 pages, devenu rare. Grosley
l'a reproduit, presqu'en totalité, dans son chapitre sur
les foires.

—— (sa veuve, ELISABETH-GULLAUME,) lui succéda
en 1739, s'adonna au même genre d'ouvrages, et donna
en 1754 sa démission en faveur du suivant.

—— (JEAN) succéda à sa mère en 1754, mourut en
décembre 1765, même spécialité.
Histoire de Galien Restauré, in-4°.

—— (JEAN-ANTOINE, fils de Jean,) lui succéda en
1766, même spécialité.
La Grande Danse Macabre, in-4°, s. d., mauvaise édition.
La Grande Bible Renouvellée ou Noëls Nouveaux, in-12,
s. d.

—— (ETIENNE, dit le JEUNE, fils puiné de Jean,) fut
nommé imprimeur en 1777, même spécialité.
A été le premier imprimeur du journal suivant :
*Annonces, Affiches et Avis divers de Troyes, capitale de
la Champagne.* Ce journal, in-4°, paraissant une fois par
semaine, a commencé avec l'année 1782, et s'est continué au moins jusqu'à l'an IV, car nous avons vu le n°
du 14 brumaire de cette année.
Au premier titre reproduit cy-dessus, ont succédé les
suivants :
1° Au commencement de 1783, *Affiches de Troyes;*
2° Fin même année, *Journal de Troyes et de la Champagne Méridionale;*
3° 1790, *Journal du département de l'Aube et districts
voisins;*
4° 14 nivôse an III, jusqu'à la fin, *Journal du département de l'Aube.*

A Garnier le jeune a succédé, comme imprimeur de ce journal, sa veuve, la veuve Gobelet; puis Sainton jusqu'à la fin. Bon à consulter pour l'époque révolutionnaire. Il était rédigé dans l'opinion dominante. Je n'en connais pas de collection complète.

—— (sa veuve) imprimait le journal précédent dès 1785. Son fils et sa bru ont successivement fait valoir cette imprimerie depuis la révolution, et sont restés fidèles à la bibliothèque bleue et aux almanachs. Sa bru a vendu son établissement depuis peu d'années au sieur Baudot, qui réunit ainsi le fonds des Garnier et celui des Oudot, qui avait passé aux Garnier. Une si longue possession de la même industrie dans la même famille, avait fait du nom de Garnier la providence des colporteurs, qui faisaient pénétrer ces livrets informes dans la plus chétive cabane du moindre de nos hameaux. Ce nom avait obtenu une popularité contre laquelle lutteront longtemps encore avec désavantage les almanachs, bien supérieurs, que ne dédaignent point de publier les sociétés savantes et à des hommes d'un vrai talent.

Le sieur Baudot, en se rendant acquéreur de ce double fonds, s'est trouvé en possession d'un certain nombre de planches gravées en bois, dont il se sert à l'occasion pour la bibliothèque bleue, et qui ont fourni matière à l'ouvrage suivant : *Illustration de l'ancienne Imprimerie Troyenne*, 210 gravures sur bois, in-4°, sans texe. Publié par Varlot, 1850.

GOBELET (Michel) demeurait vis-à-vis la Belle-Croix.

A imprimé, sous le voile de l'anonyme, le pamphlet de Grosley, intitulé : *Réflexions sur l'attentat commis le 5 janvier (1757), contre la vie du roi (Louis XV)*, 5 mars 1757, in-12 de 35 pages. Cette publication, dirigée contre le parlement et les jésuites, fit mettre à la Bastille Gobelet et sa femme. L'un et l'autre, soumis à une procédure criminelle, qui n'eut pas de suite, montrèrent une grande constance à ne pas révéler le nom de l'auteur. On trouve des détails piquants à ce sujet, dans les expurgata mss. des Mémoires de Grosley sur sa vie.

Il a imprimé, à partir de 1761, les Ephémérides du même Grosley. Cet ouvrage, dont la réputation est faite, est celui qui a rendu populaire chez nous le nom de l'auteur. L'édition originale dont il s'agit ici forme 12 volumes in-32, qui ont paru de 1757 à 1768, et donnent chacun, à l'exception de l'année 1767, la figure d'un monument de Troyes. Ils sont extrêmement difficiles à réunir, surtout le premier : 40 à 50 francs, suivant la condition.

En 1768, le *Rituel du diocèse de Troyes* a été réimprimé chez lui, et en 1772, les Statuts et Ordonnances de la communauté des Bouchers et Charcutiers, in-8º.

—— (sa veuve, N. GUÉRAPAIN,) a imprimé, en 1783, *la Topographie historique de la ville et du diocèse de Troyes,* par Courtalon de Laistre, 3 vol. in-8º. On annonçait un quatrième volume qui devait contenir la biographie des Troyens célèbres, et qui n'a jamais paru.

L'ouvrage du modeste curé de Sainte-Savine, écrit sans prétention à l'effet du style, et surtout sans esprit de système, est de jour en jour plus apprécié. C'est une bonne fortune pour le pays qu'il se soit trouvé un écrivain aussi exact que laborieux, pour constater l'état de ses monuments et de ses institutions, à la veille d'une révolution qui devait les faire disparaître pour la plupart. Comme il ne se trouve plus en fonds, il n'est pas commun, et sa valeur pécuniaire ne pourra qu'augmenter : 25 à 30 francs. Il a paru à Troyes, en 1786, pour faciliter l'usage de ce livre, une *carte du diocèse de Troyes, divisée en doyennés*, par M. Courtalon, ingénieur-géographe, et qui se rencontre difficilement. Malgré quelques imperfections, c'est incontestablement la meilleure qui existe. Celle de Sanson, 1656, reproduite par Robert en 1740, a beaucoup de positions fausses. Quant à celle de Vouillemont, 1675, elle est au-dessous du médiocre, tous les noms sont estropiés (1).

La veuve Gobelet a imprimé, du même auteur, *Eloge de Mignard*, 1781, in-12; *La vie du pape Urbain IV, suivie de celles de Pierre de Celle, Comestor et Salomon Jarki*, 1782, in-12.

GRIFFARD (Jean). Il demeurait, en 1596, rue de la Petite-Tannerie, au Pont-de-la-Croix. Il y donna cette année-là *la première édition de la Coutume de Troyes, commentée par Rochette*, in-8º. En 1612, il avait transféré son établissement sur le pont de la Salle. Il y donna la deuxième édition du *Sommaire décisoire des questions et practiques tant es-cours ecclésiastiques que seculières, etc., avec le Poulier du diocèse de Troyes*, qui forme 24 feuillets, et *le Poulier de l'abbaye de Montier-la-Celle*, qui occupe 4 pages; le tout in-8º. Ce fut chez lui qu'en 1615, par les soins du savant Camusat, fut imprimée pour la première fois l'Histoire des Albigeois, par Pierre, moine de Vaux-Cernay. Sous ce titre : *Historia Albigensium, seu sacri belli in eos anno 1209 suscepti*, in-8º. Ce recueil a passé depuis dans les recueils de Duchêne et autres grandes collections.

GYRARDON (Nicolas) a donné *Præcepta synodalia*

---

(1) Voyez, pour les cartes de l'ancienne Champagne, ce que nous avons dit dans l'*Annuaire de l'Aube*, pour 1835.

pro anno 1580, *à R. Cl. de Beauffremont.* Trecis. in-8º, 26 pp. (Bibliothèque de M. Harmand.)

—— (Yves) demeurait rue Notre-Dame, imprimait dans la seconde moitié du xviiᵉ siècle, sur mauvais papier, et de la façon la plus grossière, les ouvrages de la bibliothèque bleue, et néanmoins, à cause de leur rareté, ses productions ont eu, dans ces derniers temps, l'honneur de magnifiques reliûres, et ont été poussées fort loin dans les ventes publiques. Nous citerons seulement de lui :

1620. *la Sophonisbe, tragédie française,* in-8º, Soleine.

1629. *la Rocheloise, tragédie* par P. M., in-8º, 22 pp.

1660. *Le jargon ou langage de l'argot réformé,* etc., à Troyes, par Yves Girardon, rue Notre-Dame, au Chapon-d'Or, in-12, 30 feuillets.

Au revers du titre on voit le Grand Coesre avec sa marquise, figure en bois.

1670. *Histoire de Jean de Paris.*

HADROT (Pierre), imprimeur en la Grant-Rue, devant Saint-Jean, au Petit-Cocq : *Heures à l'usaige de Bezençon au long sans requérir* (S. D. mais de 1529), in-12, 144 feuillets non chiffrés, titre imprimé en rouge, figure en bois. (Bibliothèque de M. Yemeniz, à Lyon.) Sa marque est figurée dans Brunet, tome 4, page 803.

HERLUISON (Pierre). Aucune de ses productions n'a passé sous nos yeux ; mais nous le voyons en septembre 1683, se qualifiant imprimeur, rue de la Petite-Tannerie, rendre plainte, au criminel, contre Jacques Fevre, depuis imprimeur, et à cette époque apprenti, pour des violences graves. Il figure sur les listes matriculaires jusqu'en 1712.

HOVION (Pierre), qu'on écrivait alors Houion, demeurait rue Notre-Dame, près la Grüe. On cite de lui : *Histoire véritable de trois pères Capucins, lesquels ont été cruellement tyrannisés et mis à mort par le Grand Bacha de Damas.* 1613, p. in-12, 15 pp. Vente Taylor, n° 188.

JACQUARD (Jean) demeurait rue de la Corderie, près le Jeu-de-Paume. On a de son imprimerie :

1629. *Joyeuse entrée du roi (Louis XIII) à Troyes.* BT. in-4°.

1633. *Véritable narré de ce qui s'est passé en la conversion de J. Rochette, le plus ancien avocat de Troyes;* par le père Ange de Raconis, prédicateur-capucin, in-8°. Le volume s'ouvre par plusieurs anagrammes ayant trait au sujet de ce livre. Ainsi, on trouve dans Jean Rochette, *noié racheté.* Dans Ange de Raconis, *Agnos sané reducit.* BT. La famille Rochette, fort ancienne à Troyes, et alliée à Girardon, s'est éteinte, il y à une vingtaine d'années, dans la personne de Mme Camusat-Rochette.

1637. *La Saincteté chrétienne, contenant les vie, mort et miracles de plusieurs saints de France et autres pays, dont les reliques sont au diocèse et ville de Troyes, avec l'Histoire ecclésiastique;* recueillie par M. N. Desguerrois de Jésus, pr. indigne, P. et P. de Troyes, in-4° de 427 pages, plus 30 feuillets non chiffrés. Il était grand pénitencier, et mourut en 1676, âgé de 101 ans. Le bon Desguerrois, dont la piété, d'ailleurs si respectable, n'était pas toujours éclairée par la critique, ne s'est pas contenté, comme on l'a dit, de traduire et de copier Camusat. Son ouvrage forme un véritable corps d'histoire, selon l'ordre chronologique, jusqu'à 1632. Aucune peine n'a été épargnée par lui, pour être bien informé; il prouve, par des attestations en bonne forme, qu'avant de prendre la plume, il avait visité les maisons religieuses du diocèse, et avait tiré de leurs archives grand nombre d'actes et de faits inédits. Les sentiments édifiants dont ce livre est empreint, en faisaient la lecture favorite des familles chrétiennes. Cette cause et la mauvaise qualité du papier, ont rendu extrêmement rares les exemplaires de première reliûre et bien conservés. Il doit se trouver avant le titre un frontispice gravé : 20 à 30 fr.

—— (FRANÇOIS), frère du précédent, avec qui il imprima la *Saincteté chrétienne*, était imprimeur de l'évêché. Il demeura d'abord rue Moyenne, et plus tard Grande-Rue, *sub signo sanctæ Catharinæ*. Voici quelques ouvrages qui ont paru chez lui :

1642. *Le Prélat François, ou Eloge de la Vie, Mort et Miracles de Saint-Mards-en-Othe, diocèse de Troyes*, par C. de Titreville.

1644. *Les Véritez de S. Aventin, prestre anglo-français fidelle Achates de S. Thomas de Cantorbie*, etc., recueillies par Marie-Nicolas Desguerrois, de Jésus prestre. P. D. T indigne, petit in-12 de trois feuillets non chiffrés, et de 98 chiffrés.

1652. Le Bréviaire donné par l'évêque Mallier Duhoussay, in-8º ; il l'exécuta en société avec Denis de Mojot. Cette société, dont on ne retrouve pas d'autre trace, avait pris pour enseigne *la Diligence*. La préface dans laquelle le prélat s'adresse à son clergé, fournit une nouvelle preuve de ce que nous avons dit sur le petit nombre d'exemplaires auquel on tirait dans le 15º siècle ; ce Bréviaire, qui, pour le moins, avait eu dès-lors sept éditions, était devenu si rare, que plusieurs prêtres se plaignaient de l'impossibilité où on était de se le procurer. Du reste, cette édition est des plus médiocres, ainsi que quelques gravures au burin, signées Garnier. Elle fait voir combien la typographie troyenne avait dégénéré de ce qu'elle s'était montrée au 16e siècle, 1657. *Offices de l'abbaye de Saint-Loup*, in-8º.

1664. *Recueil de plusieurs titres pour justifier que Henri Ier est fondateur des chanoines prébendés de Notre-Dame-de-Saint-Étienne de Troyes*, in-8º (par Breyer, chanoine de Saint-Étienne).

1668. *Series librorum quorum donatione doctis. J. Hennequin bibliotecam fratrum minorum trecensium auxit*, in-4º, *104 pages*. BT. Ce sont les livres que ce docteur de Sorbonne donna en 1631 à la maison des Cordeliers de Troyes (aujourd'hui lès prisons), à la charge d'en laisser jouir le public à certains jours; ce qui s'est exécuté jusqu'à la révolution. Ils ont dû passer dans la bibliothèque communale actuelle. Ils étaient autrefois dans un beau vaisseau au-dessus de la chapelle de la Passion. On sait que cette chapelle et ses dépendances, de construction aussi solide qu'élégante, ont été démolies depuis peu d'années, au grand regret des amis des arts, et sans aucune nécessité; au contraire, elle avait une destination toute trouvée, c'était de servir de chapelle aux prisonniers, qui aujourd'hui n'ont pour assister au service divin qu'une galerie basse, aussi incommode que peu convenable.

Même année. *Peintures poétiques de tableaux de Werner, pour M. Quinot*, in-4º. Bibliothèque du Louvre.

—— (FRANÇOIS II), fils du précédent.

Son existence et son exercice sont constatés par une requête présentée par lui au bailliage, le 20 août 1674, pour être autorisé à continuer l'art d'imprimeur comme fils de maître.

LAUDEREAU (NOEL). Nous connaissons de lui :
1626. *Prières en forme de paraphrases, sur les sept*

pscaumes pénitentiels, mises en vers par Pierre Leme-rat, baron de Lustre, in-12.

1630. *Description contenant toutes les singularités des plus célèbres villes et places du Royaume de France,* s. d., in-8°, figures en bois, par Desrues.

1631. *L'échole sainte de patience,* par le père Manceau, frère mineur, in-8°, imprimé par Noël Laudereau et Denis Clément, imprimeurs-libraires.

LECOQ (Jean Ier). On n'a point fait de distinction jusqu'ici entre deux typographes qui ont successivement porté et honoré ce nom. Cependant, comme les éditions qu'ils ont signées embrassent les trois quarts d'un siècle, cette circonstance seule devait donner l'éveil; mais nous avons la preuve certaine que, dès 1533, le premier Lecoq avait cessé de vivre. Celui-ci, dont nous allons d'abord nous occuper, est dit demeurant, tantôt *rue Notre-Dame,* tantôt *devant Notre-Dame.* Il avait pour enseigne un coq; ces armes parlantes se retrouvent au commencement et à la fin de ses livres. Elles consistent dans un coq au milieu d'un écusson, supporté par deux renards encapuchonnés (figurées dans Brunet, tome 1er, page 798). Dans les exemplaires possédés par des personnages importants, le coq fait place, dans l'écusson, aux armes du propriétaire. Comme nous l'avons dit plus haut, le Missel de 1500, qu'on lui donnait, n'a jamais existé. Nous n'avons, en conséquence, rien connu de lui avant le Bréviaire donné l'an 1509, après Pâques, par l'évêque Raguier, petit in-12, caractères gothiques très-nets, avec rubriques non historiées dans les exemplaires sur papier; il se trouve dans la bibliothèque du Panthéon; la bibliothèque nationale en conserve deux exemplaires sur vélin : le premier, incomplet, provient de la vente Maccarthy, il est enrichi d'initiales et d'ornements peints en or et en couleur; le second est com-

plet, il est sans réclames, mais avec signatures et titres
courants, sur deux colonnes de 37 lignes, il contient :
1o modus legendi, etc.; 2o le titre; 3o la préface; 4o la
table pascale; 5o le calendrier; 6o 64 feuillets, puis I à
LXVIII, plus 147 feuillets, il a six pouces de hauteur. On
n'y voit point encore le coq caractéristique de l'imprimeur; une seule gravure en bois représente les trois
personnes de la Trinité dans leur gloire. Dans un avis
au lecteur, en latin, Lecoq s'excuse des fautes qu'il a pu
laisser, sur la précipitation avec laquelle il a été obligé
d'opérer; à peine a-t-il eu le temps de revoir les épreuves; celui de rédiger un errata complet lui a été refusé.
Cette grande hâte semble annoncer que Lecoq aura été
appelé de Paris, où il existait, dans le 16e siècle, des imprimeurs de son nom, pour venir exécuter, à Troyes, la
réimpression d'un livre usuel qui manquait, comme on
avait appelé Pierre Lerouge, en 1483, et qu'il aura dès-
lors formé, dans cette ville, un établissement permanent. Après avoir fait connaître, avec le soin qu'il mé-
ritait, ce volume qui, jusqu'à présent, est le quatrième
qu'on ait imprimé à Troyes, nous indiquerons aux recherches des amateurs, parmi les nombreux et élégants
produits de la même maison :

1511. *Heures à l'usage de Troyes, sans rien requérir,
avec l'Office de la Vierge*, in-12, s. d., mais avec un almanach pour 26 ans, commençant à l'année 1511.

Il en existait un exemplaire sur vélin, avec vignéttes,
dans la bibliothèque de M. Comparot de Bercenay, à
Troyes. L'exemplaire également sur vélin de la bibliothèque de Troyes a été acheté chez Sylvestre, en 1845,
vente Belu, de Troyes, au prix de 279 fr. Les pages ne
sont pas chiffrées, et s'arrêtent au cahier K.

A la suite se trouve un opuscule intitulé :

Hore de trinitate pro dominica, qui se termine au cahier C.

La charmante exécution de ce volume, ses lettres initiales rouges et bleues, ses vignettes coloriées, en font un véritable bijou qu'on n'a pas payé trop cher.

1512. *Manuale secundum usum ecclesiæ Trecensis.*

1513. Ce fut, selon toute apparence, cette année que parut chez Lecoq *la Complainte de la grosse cloche de Troyes en Champagne,* par Nicolas Mauroy, in-8º gothique, réimprimé en mêmes caractères, en 1831, chez Crapelet. Ce petit poême est curieux, la versification en est facile, et comme le beffroi était au moyen-âge le symbole des libertés communales, l'histoire des bonnes et mauvaises fortunes de notre beffroi fournit quelques indications pour l'histoire de la cité.

1514. Missel in-4º; c'est celui qui, par erreur, avait été reporté à 1500 : il est de la plus belle exécution, en lettres gothiques rouges et noires. Il se compose d'un premier cahier de 244 feuillets, d'un deuxième de 44, d'un troisième de 35. Bibliothèque nationale. L'exemplaire de Troyes est défectueux de quelques feuillets remplacés par d'autres en vélin, manuscrits. On lit sur la garde : *Ce présent Missel appartient à la confrairie des mᵉˢ tondeurs de Troyes. Qui le trouvera qu'il le rende auxdits mestres et y poiront le vin.* Une gravure en bois, représentant la résurrection, nous a paru identique avec une des gravures des postilles de Guillaume Lerouge, de 1492.

Même année 1514, indiquée seulement par le début du calendrier, de jolies *Heures à l'usage de Troyes, au long sans rien requérir,* in-12, caractères gothiques trèsélégants, lettres noires et rouges. Initiales peintes et rehaussées d'or, ainsi que l'emblême de Lecoq. Il y a au moins deux exemplaires sur vélin.

1525. *Missale Trecense,* in-4º, très-beau volume gothique, lettres rouges et noires, capitales historiées, plusieurs figures en bois, notamment la Résurrection de 1492. BT. Bibliothèque de la ville de Paris.

1527. *Les Hymnes communs de l'année, translatés de latin en français, en Rhytme*, par Nicolas Mauroy le jeune, de Troyes, petit in-4° de 107 feuillets, sans la table, gothique, vignette en bois pour chaque hymne, avec encadrements très-variés. N'a été vendu que 6 francs chez le duc de la Vallière. Vaudrait beaucoup plus aujourd'hui.

1530. *Statuta synodalia diocesis Trecensis, ex prescripto Odardi Hennequin*, petit in-4° gothique. Grosley en a tiré et publié plusieurs morceaux curieux pour les mœurs de l'époque, notamment la manière de recevoir le ladre.

M. l'abbé Coffinet possède de ce beau volume un exemplaire d'une conservation irréprochable.

Ouvrages sans date du même imprimeur :

Les Coutumes du Bailliage de Troyes en Champagne, in-18 gothique, de 59 feuillets chiffrés, sur papier grossier et presque gris. Au lieu du millésime se trouve le chiffre VIII, qui, selon toute apparence, indique le nombre des cahiers ou signatures. Au verso du titre on lit ce que suit :

Coutumes généralles gardées et observées au bailliage de Troyes, publiées et accordées presens a ce plusieurs et en grand nombre des gens d'église, nobles, praticiens et bourgeois tât de ladicte ville que dudict bailliage et aussi és présences de nous Thibault Baillet conseiller du Roy nostre sire et président en sa cour de parlement et Roger Barme conseiller et advocat dudict seigneur en ladicte cour, commissaires en ceste partie. Ladicte publication encommencée a faire le vingt sixiesme jour du mois d'octobre l'an mil cinq centz et neuf continuée és autres jours en suyvans selon les lettres de commission du roy nostre dict seigneur à nous envoyées à ceste fin.

Suit sans intervalle le texte des coutumes, puis la publication, puis le procès-verbal, et enfin la table des titres.

Ce volume offre d'autant plus d'intérêt, qu'il ne doit pas être de beaucoup postérieur à l'an 1509, date de la dernière rédaction de notre coutume, si même il n'est pas de la même année, et comme le procès-verbal de rédaction ne se trouve pas en original aux archives judiciaires, comme ceux des autres provinces, il s'ensuit qu'en cas de diversité dans le texte des nombreuses éditions postérieures, c'est à celui de Lecoq qu'on doit s'en rapporter, comme étant, pour ainsi dire, officiel et tenant la place de l'original authentique qui nous manque. C'est ce qui a été décidé par un arrêt de la cour royale de Paris, du 31 juillet 1839, rapporté dans la Gazette des Tribunaux du 1er août.

Un exemplaire de cette édition figure dans le catalogue d'Hennequin. Il aurait dû passer dans notre bibliothèque communale, et pourtant il n'y est pas. C'est sur les marges d'un autre exemplaire que Pierre Pithou jeta les notes qui, réunies et développées par son frère, sont devenues le commentaire qui a paru sous son nom (1).

Ainsi qu'on l'éprouve souvent dans ces sortes de recherches, ce livre a entièrement disparu dans la ville pour laquelle il a été publié, et où il conserve encore, sur certains points, force de loi. C'est seulement à la bibliothèque nationale, qu'après des investigations dirigées inutilement autour de nous, il nous est possible de le signaler aux curieux et aux jurisconsultes.

---

(1) Essai sur l'origine des coutumes, par Grosley. Avertissement.

La Vie de saint Bernard, premier abbé de Clairvaux, gothique, imprimé pour Macé Panthoul. 162 feuillets chiffrés, contenant les sept livres de la vie de saint Bernard et sa canonisation ; 6 feuillets non chiffrés, contenant l'épitaphe de dame Aelis, mère de saint Bernard, composée par Mᵉ Guillaume Flameng, demeurant à Clairvaux, et jadis chanoine à Langres. Dans l'exemplaire conservé à la bibliothèque communale, le titre a été refait à la plume. Il a appartenu à Antoinette de Dinteville, dont les armes coloriées sont surmontées d'une crosse. La reliûre du 16ᵉ siècle est de la plus grande richesse.

La Vie et Passion de madame sainte Marguerite, vierge et martyre, petit in-8º : vendu 11 francs à la vente Méon.

La Vie et Légende de madame sainte Reigne, vierge et martyre, petit in-8º, 16 feuillets non-chiffrés, par J. Piquelin. Dans l'exemplaire du duc de la Vallière on trouvait, à la suite de cette vie, *les Heures de madame sainte Reigne,* in-8º, 8 feuillets, et *Missa sanctœ Reginœ,* 4 feuillets en ancienne bâtarde, avec gravure en bois sur le titre.

Enfin beaucoup d'autres vies et légendes de saints et martyrs qu'on ne connaît plus guères à présent que par l'insertion de leur titre dans les très-anciens catalogues.

On ignore la date précise de la mort de Jean Lecoq, premier du nom ; mais, comme nous l'avons dit, elle est constatée, dès 1533, par un Missel imprimé la même année, par T. Trumeau (voyez ce nom), où on lit : *Impressum in œdibus defuncti Lecoq.* De 1530 à 1541, le nom de Lecoq ne reparaît pas, du moins il nous a été impossible de le rencontrer une seule fois. Il est vraisemblable que, dans cet intervalle, l'héritier et successeur de J. Lecoq n'avait point atteint l'âge nécessaire pour agir par lui-même, et que ces presses étaient exploitées pour le compte de tiers.

—— (Jean II). Il indique la même demeure que le précédent; il avait la même marque. Il semble seulement l'avoir distinguée en y joignant pour légende les mots suivants, tirés du livre de Job : *quis dedit Gallo intelligentiam?* Nous citerons parmi ses nombreux produits : — 1541. *Le Grand Calendrier et compost des bergers, avec leur astrologie, et plusieurs autres sciences salutaires, tant pour les âmes que pour la santé du corps,* in-fº gothique. Très-nombreuses figures en bois, bien exécutées, ainsi que le texte. Le titre est à lettres rouges et noires. C'est une véritable encyclopédie populaire. On peut y prendre une idée des préjugés de toutes façons, qu'on débitait alors comme des oracles. BT. — 1543. *La saincte vie et légende du très-glorieux ami de Dieu, Monseigneur Joseph, etc.,* petit in-8º, 31 feuillets non chiffrés; suivie de l'office du même, en latin, 12 feuillets, figures en bois, lettres rouges et noires. Une des plus jolies productions de Lecoq. Vendu 100 fr., vente Arnaud. (Bibliothèque de l'abbé Coffinet.)

Même année, *la sainte vie et véritable légende de madame Sainte-Catherine, vierge et martyre, et spéciale amie de notre Seigneur, et le triomphe d'elle à Rome le jour de sa fête,* 20 *de décembre de l'an* 1540, *par les vierges, filles et bourgeoises romaines,* in-8º gothique.

1549. *Missel à l'usage de Langres,* in-4º, fig. en bois, capitales très-élégamment ornées, lettres rouges, chants notés, exécution supérieure. On lit à la fin :

Missale secundum veru usum insignis ecclesie lingon, politissimis formulis (ut res ipsa indicat) Trecis in œdibus Joannis Lecoq et Michaelis Lointier impressum. Suit un index de 5 pp. à deux colonnes.

1550. *Heures à l'usage de Troyes.* — 1573. *Manuale*

secundum usum insignis ecclesie Trecensis, in-4º gothique. Lettres rouges et noires, gros caractères, belle exécution, 112 feuillets. — 1580. *Missale nominis Jesu*, in-4º
gothique. — 1585. *Heures à l'usage de Rome, nouvellement réformées selon le calendrier nouveau*, in-8º. La
date est fournie par le commencement du calendrier
ou tableau des fêtes mobiles, qui est dressé pour dix-
huit ans. On trouve à la suite une *petite instruction
pour une femme séculière*. (Chez le docteur Carteron, à
Troyes.)

Vers 1589. *Heures à l'usage de Lengres, nouvellement
réformées, selon le Kalendrier Romain*, in-8º gothique
de 200 feuillets non chiffrés, figures sur bois, s. d.
(Catalogue Colomb de Bâtines.)

On voit par ce qui précède que Grosley avait été
évidemment induit en erreur, lorsqu'il disait que dès
1548, l'imprimerie de Lecoq était passée aux mains
des Moreau (1).

LENOBLE (JEAN). On paie fort cher dans les ventes
l'ouvrage suivant :

*Les divers discours de Laurent Capelloni, traduits par
Larrivey*, à Troyes, pour J. Lenoble, rue Notre-Dame,
1595, in-8º.

On voit sur le frontispice le chiffre ILN., et une jolie
figure en bois représentant un dragon mangeant un
serpent, qui a été reproduite dans le Bulletin du Bibliophile, septembre 1847. Il pourrait s'élever quelque
doute sur la véritable qualité de Lenoble, à raison du
mot *pour* J. Lenoble. Mais d'une part, il est extrêmement rare à Troyes, avant le 17ᵉ siècle, de faire

---

(1) Troyens célèbres. Tome 2, page 8.

mention du libraire, et, d'ailleurs, dans ce cas, on ne manquait jamais d'y joindre l'imprimeur.

LEROUGE (Pierre). Voyez ce que nous en avons dit dans la première partie de ces recherches.

—— (Guillaume). A ce que nous avons dit de lui plus haut, ajoutez : le catalogue du duc de la Vallière contient l'article suivant : *l'Histoire et chronique du noble et vaillant Clamades, fils du roi d'Espagne et de la belle Clermonde, fille du roi Carmantt* (translaté de rimes du roi Adenes, en prose). Troyes, Guillaume Lerouge, in-4° gothique. Cet Adenes était un trouvère, ménestrel de Henry, duc de Brabant, dans le 13e siècle. Ce titre de roi, qui dans le langage de ce siècle n'emportait qu'une idée de supériorité relative, lui venait de ce qu'il était le chef des ménestrels de cette petite cour. Quand on considère que le seul ouvrage que Guillaume ait bien constamment exécuté à Troyes, se rapporte à 1492, on serait fondé à supposer que l'édition ici rapportée est ausi du 15e siècle. La raison de douter est qu'il vivait et exerçait encore en 1512. C'est donc là une question dont nous laissons la solution à d'autres, surtout à ceux qui pourront parler de visu du livre dont nous n'avons que la simple indication.

—— (Nicolas). Les ouvrages ci-après signalés, et nous sommes bien loin d'avoir eu connaissance de toutes ses publications, doivent suffire pour justifier les éloges que nous leur avons donnés. Ils ont tous, indépendamment de leur extrême rareté, une valeur intrinsèque qui leur ferait atteindre des prix élevés, s'ils paraissaient dans les ventes. A la différence des autres membres de la famille, il prit à Troyes un établissement permanent. Dans les premières années, il s'inti-

tulait *impressor. peritissimus in intersignio venetiarum
vici magni pulchœ crucis in celeberrimà et famossisima
civitate Tricassina.* Annonce emphatique qui serait mieux
placée dans la bouche d'un gascon que dans celle d'un
champenois. En 1531, il demeurait dans la même rue,
près la Belle-Croix, à l'enseigne de Saint-Jean-l'Evan-
géliste. Il a paru sous son nom, sans date, une édition
petit in-f° de *la Danse-macabre des hommes et des femmes,*
dont voici le titre :

*La grand danse macabre des hommes et des femmes,
historiée et augmentée de beaux dits en latin.*

Imprimé à Troyes, par Nicolas Lerouge, demourant
en la Grant-Rue, à l'enseigne de Venise, auprès la Belle-
Croix, s. d., in-f° gothique de 40 ff. à deux col., signés
A-K, avec 65 figures en bois. Au verso du dernier
feuillet, on voit un homme prosterné au pied de la croix,
et à côté un monogramme. M. Dibdin, tome 11, a donné
un bon fac simile de cette planche, qui, selon lui, représente l'imprimeur.

Ce magnifique volume est aujourd'hui de toute rareté;
il manque à la bibliothèque nationale. L'exemplaire
Gaignat a passé chez Macarthy, qui l'a échangé avec
M. Douse. Il est aujourd'hui dans la bibliothèque Bod-
leienne. Il en existe un autre dans la bibliothèque de
Dresde. (V. Eber, n° 5675.) Vendu 19 fr. Gaignat, et
seulement 9ᵗ 1ˢ chez M. de Selle. De savants bibliographes, l'abbé de Saint-Leger, Debure, M. Peignot,
la regardent comme antérieure à 1500. M. Champollion-
Figeac émet la même opinion dans une dissertation
sur les diverses éditions de la danse macabre, où il
indique la nôtre comme ayant réuni, pour la première
fois, la danse des hommes et des femmes (1).

---

(1) Magasin encyclopédique. Tome 6. 1811.

A ce grand nombre de noms recommandables, je n'en puis opposer qu'un pour l'opinion contraire ; mais celui-là, en pareille matière, peut en balancer plusieurs, c'est M. Brunet, qui croit notre édition des premières années du 16e siècle. Je m'y rallierais d'autant plus volontiers, qu'il n'y a pas une médiocre difficulté à faire entrer, avant 1500, ce Nicolas Lerouge dans une carrière où on le retrouvera encore un demi-siècle après.

Mais peut-être sera-t-on plus tard en mesure de lever cette objection en prouvant, comme nous avons fait pour les Lecoq, qu'il y a eu deux personnages du même nom, dont l'un a continué l'autre. On pourrait même, dès à présent, argumenter en faveur de cette proposition du changement dans l'enseigne intervenu vers 1530, et qui peut en faire présumer un autre dans les personnes.

1510. *Le grand Calendrier et compost des bergers, avec leur astrologie et autres choses profitables,* petit in-f° gothique, figures en bois ; catal. Gaignat, n° 1038 : vendu seulement 7 fr. 95 c.

1524. *Breviarium Trecense,* petit in-8° (et non pas in-12, comme certains catalogues le désignent) gothique, sur deux colonnes. Sans date au frontispice ; elle est fournie par le calendrier, chiffré en plusieurs séries, peu de lettres historiées. A la première page, une gravure représente la vierge allaitant l'Enfant-Jésus. Impression d'une netteté et d'une beauté remarquables, et qui fait au pays où elle a été exécutée, le plus grand honneur. Au frontispice, on voit le chiffre de l'imprimeur surmonté d'un cœur avec cette devise : *Mon cœur est à Dieu.* Il est conservé à la bibliothèque du Panthéon, cotte BB. 1252. L'exemplaire de la bibliothèque communale de Troyes porte à la fin le nom de Thielman Kerver, supporté par deux licornes. Quelle que soit l'illustration de ce dernier nom dans la typographie, celui de notre compatriote avait le droit de s'y accoler.

1529. Une réimpression du *grand Calendrier et compost des bergers, etc.*, in-f° gothique de 82 feuillets, signées A.-O., avec figures en bois. M. Brunet remarque sur cette édition de cet ouvrage curieux, 1° qu'elle renferme un plus grand nombre de figures que celle de Genève; 2° qu'on n'y trouve pas la prière de Pierre de Nesson, commençant par ce vers, *ma doulce nourrice pucelle;* 3° que *les ditz des oiseaux* sont au nombre de 91, et en quatre vers chacun.

1528. Autre édition de la *Danse macabre,* in-4° à deux colonnes, fig. Catalogue Crozet.

1530. *Le premier (et le second) volumes de la toison-d'or, auquel.... sont contenus les hauts vertueux et magnanimes faits de très-chrétiennes maisons de France, Bourgogne, etc.,* deux parties in-f° à deux colonnes de 47 lignes, contient 2 et cxxxvi feuillets pour la première partie, 3 et ccxliii pour la seconde. Figures en bois, lettres ornées. Au frontispice se lit, en majuscules, le nom de Jehan Petit, libraire de Paris, le Barbin de l'époque, pour qui quinze presses, dit-on, travaillaient dans la capitale et dans les provinces. BT. A été vendu 23 fr. mar. bleu, chez Gaignat, avec l'adresse de Poncet Lepreux, à Paris, et 3 liv. 13 schel. 6 den., vente Blandfort.

1531. Une réimpression de *la Grant danse macabre des hommes et des femmes, historiée et augmentée de beaulx dits en latin, etc.* Le millésime est ainsi conçu : *Amen. mil cinq cents XXXI.* 40 feuillets à deux colonnes, non chiffrés, 65 figures en bois. La dernière représente une nef poussée par un diable. Le titre, en lettres du plus beau relief, rouges et noires, est précédé de l'image d'un griffon. Les gravures sont d'un beau faire, le texte fort élégant et du tirage le plus soigné. Six vers latins entourent chaque gravure. La disposition et le trait pour ainsi dire calqué des gravures se sont reproduits dans toutes les danses macabres qui, depuis cette date de 1531 jusqu'à ces dernières années, se sont vendus à Troyes; mais combien, en passant par les mains des Oudot, Garnier et autres marchands de livres, l'œuvre du 16e siècle est devenue méconnaissable. L'exemplaire qu'on conserve à l'arsenal vient du duc de la Vallière, et formait le numéro 14111 du catalogue, en 6 volumes.

1550. *Missale ad usum SS. Romanæ ecclesiæ Trecensis,* in-f°. Un exemplaire sur vélin, enrichi d'un très-grand nombre de miniatures et d'initiales peintes en or et en couleur, se trouve en Angleterre, où il figure dans plusieurs catalogues du libraire Osborn.

LOINTIER (MICHEL) paraît avoir été associé à Lecoq (Jean I) en 1549. V. ce nom.

MICHELIN (Pierre), imprimeur du roi et libraire, vis-à-vis l'Hôtel-de-Ville, exerçait avant 1702, est mort en 1757.

A succédé, en 1706, à Louis Blanchard, en qualité d'imprimeur du roi, à la suite d'une information faite par le lieutenant général du bailliage, sur les vie et mœurs du postulant, sa pratique de la religion catholique et son dévouement au roi.

A imprimé, en 1716 : *Dissertation sur les eaux minérales de Bourbonne-les-Bains,* par H. Gauthier, in-8°.

1722. *La paraphrase du pseaume 50,* par le père Calabre, in-16.

1729. *Règlements de l'académie de musique de Troyes, établie le 7 décembre 1728,* in-4°. Elle a subsisté deux ans et demi, et se tenait à l'Hôtel-de-Ville. C'était la société philharmonique de l'époque. (Recueils de La Ravalière, à la bibliothèque nationale.)

Il termina dignement l'exercice de sa profession, en publiant pour M. Bossuet le beau Missel de 1736, in-f° sur deux colonnes, encadré, qui ne le cède en rien à ce qu'on aurait fait de mieux à Paris. Ce volume est orné de plusieurs gravures en taille douce, par Drevet. Elles sont peu dignes de ce grand maître qui, pour le même prélat, avait gravé longtemps auparavant l'admirable portrait de l'évêque de Meaux, d'après Rigault.

—— (sa veuve, EDMÉE BLANCHARD) imprima de 1737 à 1743.

Nous avons vu d'elle :

Mémoire sur l'extinction de la mendicité à Troyes, 1741, in-4o.

—— (LOUIS-GABRIEL, fils de Pierre) exerça concurremment avec sa mère jusqu'en 1743, lui succéda cette année-là, et mourut en 1753.

—— (sa veuve) lui succéda à sa mort, et céda, quelques années après, son fonds au sieur Gobelet.

Elle a imprimé, sous la direction de Grosley, qui l'a raconté au père Adry, plusieurs feuilles du Dictionnaire historique, dit de Soissons. 1758. 6 vol. in-8o.

Cet ouvrage de parti, écrit par les oratoriens, fut, pour dépister la surveillance de leurs adversaires, imprimé par portions à Paris, Soissons, Auxerre, Troyes, et probablement dans d'autres villes.

Elle a imprimé les quatre premiers volumes des Ephémérides dont nous avons parlé à l'article de Gobelet.

A la tête du premier volume se trouve un petit *plan par terre de la ville de Troyes*, qui, dénué de toute indication nominale des rues et des monuments, ne peut servir qu'à donner une idée générale de la forme de la ville. A cette occasion, il ne paraîtra pas étranger à ces notes bibliographiques que nous disions quelques mots sur les autres plans connus de la ville de Troyes.

Il faut d'abord regretter que le plan figuré de cette ville, dessiné sur vélin, qui existait aux archives de la cathédrale avant la première révolution, n'ait pu être découvert jusqu'ici, et faire des vœux pour que le dépouillement complet auquel nos archives vont être soumises, amène un résultat plus heureux. Ce plan, dont nous avons recueilli quelques traits dans le nº 22 des Mémoires de la Société d'Agriculture, serait d'autant plus précieux, qu'il était antérieur à 1524, c'est-à-dire, qu'il remontait à une époque où les documents topographiques sur les villes sont excessivement rares, et qu'il donnait non seulement la position, mais la figure même de nos monuments.

Le premier plan gravé est celui de 1679, par Jouin de Rochefort. Il est devenu tellement rare, que nous ne pourrions en indiquer d'autre que celui qui existe au département des estampes de la bibliothèque nationale, section de topographie. Il est de format in-fᵒ en travers. Il se vendait chez Jaillot; il est orné de cartouches où sont inscrites les armes du maire, M. Dare, et des huit échevins.

Il est indispensable à consulter, pour quiconque veut s'occuper de notre ancienne topographie. Ce serait donc un service à rendre aux savants et aux curieux, que de le reproduire par la lithographie.

Le plan dont nous parlons a été réduit in-4ᵒ, par Beaurain, géographe du roi, qui ne s'y nomme pas.

En 1697, Parisot, de Nismes, fit paraître le sien, format in-fᵒ, sous le titre de *Plan de la ville, faubourgs et dépendances de Troyes, capitale de la Champagne.* Malheureusement la ville n'occupe pas la dixième partie de l'espace, et beaucoup de détails n'ont pu y entrer : le nom des rues ne se trouve pas énoncé dans les légendes de renvoi, mais seulement celui des principaux monuments, et quelques détails archéologiques dont il faut beaucoup se défier : on la rencontre communément. Il en a été tiré des exemplaires sous diverses dates bien postérieures, notamment, en 1747, sans aucun changement dans le travail de la planche, ce qui peut être une source de graves erreurs, si on n'en tenait pas compte lorsqu'on la consulte ; par exemple : on y voit debout la flèche de la cathédrale, brûlée en 1700 ; on lit dans la légende que les bains des femmes ont été brûlés l'année précédente, et cet accident a eu lieu en 1696.

En 1812, un plan de petit format fut joint, comme illustration, à l'édition des *Mémoires sur Troyes*, par Grosley, publiés chez Sainton, et put donner une idée des nombreux changements, ou, pour parler plus exac_ tement, des nombreuses destructions que la révolution avait produites dans la cité. On y trouve, en renvoi, le nom des principales rues. Ce plan, ainsi que les deux précédents, n'offre que des tracés par aperçu, sans aucune proportion géométrique.

Dans ces dernières années a paru, chez Laloy, libraire, un plan sans date, sur une demi-feuille in-f°, en travers, fort nettement dessiné et gravé, avec le nom des rues et la division en sections. Son format le rend fort commode pour l'usage, et doit le faire rechercher, surtout par les étrangers et les voyageurs.

Enfin, en 1839, a paru un plan de la ville de Troyes, d'après les documents du cadastre, par M. Bouchier, ingénieur en chef du même cadastre, très-supérieur à tout ce qui précède, et d'une fort belle exécution.

MOLINS (Pierre des). On a de son imprimerie, entre autres :

La Complainte des Argotiers, tirée d'un catalogue de deux Myons de l'argot, par le Regnandin mollancheur en la vergne de miséricorde, 1630, petit in-12 de 24 pages. Vendu 31 francs, vente Nodier.

Le Recueil de Tabarin, in-12, sans date, se trouve à la bibliothèque du roi, coté Y2. — 1314.

MOREAU (MACÉ). Nous avons déjà dit que ce n'était pas lui, mais le suivant, qui avait été successeur de Lecoq. Il y a même quelques contradictions dans les mémoires du temps, sur sa véritable qualité : les uns le disent imprimeur, d'autres, libraire (1). Ce qui malheureusement ne peut souffrir aucun doute, c'est qu'en 1549 il fut poursuivi par le lieutenant criminel, Marc Champy, pour avoir distribué un livre à l'usage des réformés, intitulé *le Trafic et Train de Marchandises que les prêtres exercent en l'église;* qu'il fut appliqué à la question, condamné au feu et exécuté après confirmation de la sentence par le parlement de Paris. Cette horrible scène eut lieu le 18 octobre, sur la place de l'Etape-au-Vin ; il montra une contenance héroïque, et voulut haranguer le peuple : mais le bourreau, en approchant un flambeau de sa bouche, l'en empêcha. On l'avait entendu réciter les vers suivants, en marchant au supplice :

> Quand j'ai bien à mon cas pensé,
> Une chose me réconforte ;
> Quand mon corps sera trépassé
> Mon âme ne sera pas morte.

—— (JEAN, dit LECOQ,) succéda, dans l'intervalle de 1585 à 1589, au dernier des Lecoq, dont il ne manqua pas de conserver le nom et l'enseigne qui, depuis près d'un siècle, avaient acquis un grand renom. Ces presses ont fourni :

1589. *Le Martyre de frère Jacques Clément, contenant,*

---

(1) Voyez *Topographie troyenne.* Tome 1, page 403. — *Troyens célèbres.* Tome 2, page 8. — *Mémoires historiques sur Troyes.* Tome 2, page 518.

*au vrai, toutes les particularités les plus remarquables de
sa sainte résolution et très-heureuse entreprise à l'en-
contre de Henry de Valois* (par Charles Pinselet, chefcier
de Saint-Germain-l'Auxerrois). Non moins rare que
l'édition de Paris, vendu 54 francs. Lavallière.

1590. *Discours de l'entreprise sur Troyes,* faite le 17
septembre 1590 (par les troupes royales).

Grosley (*Mémoires historiques,* p. 348) dit que de son
temps il n'en existait plus qu'un exemplaire. On ne sait
où il a passé. J'en ai retrouvé une copie manuscrite
que j'ai fait insérer dans l'*Annuaire de l'Aube pour* 1850.

1592. *Le Guysien ou Perfidie tirannique commise par
Henry de Valois, ès personnes de très-généreux princes
Louis de Lorraine, Cardinal et Henry de Guyse,* par Simon Belyard, in-8º. 78 feuillets chiffrés, précédés de
9 feuillets liminaires.

Même année. *Charlot, éclogue pastorale sur les misères
de la France,* in-8º de 4 feuillets et 32 pp., vendus en-
semble 37 f. Gaignat, 48 f. Turgot, 91 f. La Vallière, 51 f.
Soleine.

On a remarqué ce qu'avait d'étrange la qualité d'imprimeur du roi que prenait Moreau dans ces pamphlets
de la dernière violence contre l'autorité royale. Cela
s'explique par la situation de la ville de Troyes, qui
était alors au pouvoir du parti ligueur.

1594. *Breviarum Trecense,* in-12. BT.

—— (Noel, dit Lecoq), demeurant rue Notre-Dame,
à l'enseigne du Coq, succéda à Jean, et publia un grand
nombre de bons ouvrages, et particulièrement :

1606. *Officium nominis Jesu,* in-8º.

1608. La première édition, due à Nicolas Camusat,
de la chronique de Robert, moine de Saint-Marien-
d'Auxerre, in-4º, 114 feuillets; depuis elle a été com-
prise dans Duchesne et ailleurs.

Le manuscrit est conservé à la bibliothèque d'Auxerre et réclame un nouvel éditeur qui rectifie les fautes nombreuses de la première publication.

1610. L'excellent Recueil de pièces et titres originaux sur l'histoire ecclésiastique du diocèse de Troyes, donné par Camusat, sous le titre de *Promptuarium Sacrarum antiquitatum Tricassinæ diocæsis*, in-8°. Voici l'ordre des choses principales qu'il contient : *Vita S. Frodoberti.— Vita S. Mauræ. — Historia inventionis corporis S. Mastidiæ. — Vita S. Aventini. — Passio S. Bercharii. — Catalogus episcoporum Trecensium. — Miscellanea historica*, 436 feuillets, plus la table. Vient ensuite un *Auctarium* de 40 feuillets, qui manque quelquefois. Vaut, avec l'*Auctarium*, 15 à 20 francs.

1619. *Les Meslanges Historiques*, du même (1), recueil de pièces historiques sur la France en général, la plupart

----

(1) Au nombre des plus grands services rendus par le même Camusat, à la littérature, il faut placer celui d'avoir sauvé de la destruction un grand nombre de manuscrits, vendus à un parcheminier par les jacobins de Troyes, et dont il procura, par lui ou par d'autres, la publication. Ces livres avaient été donnés, à ce couvent, par Charles V, en faveur de son confesseur. de Villiers, qui sortait de cette maison ; chaque volume faisait mention du don royal, et on y avait transcrit la copie de la Bulle de Grégoire XI, qui frappait d'excommunion ceux qui les déplaceraient. Un jacobin ignorant, en vendit la plus grande partie comme vieux parchemins, à la fin du 16° siècle. Parmi ceux que sauva Camusat, il faut citer le saint Prudence et la Charte des coutumes de Champagne, qui passa depuis à M. Colbert, et qui doit être aujourd'hui à la bibliothèque nationale, à laquelle ce fonds s'est réuni. — Beaucoup d'autres richesses de ce genre furent la proie des curieux, et même des écoliers auxquels cette bibliothèque était abandonnée, comme nous l'apprend Grosley, et qui n'avaient garde d'épargner les miniatures et les lettres peintes qu'ils y trouvaient à profusion.

D'après une note de Grosley, qui m'a été communiquée, voici

écrites en français. On y trouve dans l'ordre suivant : un grand nombre de *Traités, Lettres, Ordonnances,* feuillet 1 à 42. — *Formulaire du protocole pour les secrétaires du roi,* feuillet 42 à 74. — *Lettres et instructions du roi François Ier, à ses ambassadeurs,* feuillet 1 à 227. — *Recueil sommaire des états de Blois, tenus en 1576,* dressé par Guillaume de Taix, doyen de l'église de Troyes, et député ecclésiastique, feuillet 1 à 73.

Mémoires militaires du sieur de Mergey, gentilhomme champenois, feuillet 1 à 26.

Beaucoup d'exemplaires finissent ici ; d'autres contiennent encore : — *Extrait du registre des lettres écrites par M. de Petremol, ambassadeur à la Porte,* de 1561 à 1566, — 12 feuillets. Imprimé en 1623.

Mémoires du sieur Richer, ambassadeur en Suède et en Dannemarck, sous les rois François Ier et Henri II,

---

tout ce qui restait dans le couvent, en 1740, des livres donnés par Charles V :

1º Une Bible latine du 10º siècle, 4 volumes in-fº, à deux colonnes, de deux pieds neuf pouces de hauteur ;

2º Une Bible en 2 volumes, avec concordance des Saints-Pères ;

3ª Une compilation de légendes, *per fratrem Jacobum de natione Januensem de ordine fratrum prœdicatorum,* vélin, grand in-4º, fort épais, avec la date de 1335 ;

4º Un volume in-fº, vélin, du 14º siècle, contenant des notes grammaticales sur la Bible, divers Traités de Jean-Isidore ; de Martin, écossais ; de Hugues, sur la morale et sur les matières liturgiques ; les Méditations de Hugues, prieur de la Grande-Chartreuse ;

5º Un Traité d'histoire et de discipline ecclésiastique, en 26 livres, du 11º siècle, 1 volume in-fº, vélin ;

6º Les Institutes de Justinien, grand in-fº à deux colonnes, du 11º siècle ;

7º. Un Dictionnaire étymologique et moral, 3 volumes, grand in-fº, vélin, 15º siècle.

22 feuillets. Imprimé en 1625. Christophe Richer était né à Thorigny, près Sens. Il avait été secrétaire du chancelier Poyet.

On trouve quelques exemplaires de ce livre annoncés comme une 3e édition, portant l'adresse de Jacques Fevre, et le millésime 1644; mais il n'y a que le titre de changé. On voit que cette supercherie des libraires n'est pas une invention de nos jours.

1631. *Petri Berthaldi congregationis oratorii domini Jesu presbyteri. Trecæ. ad urbem, clarum senatum populumque trecensem.* Description ou plutôt Eloge de la ville de Troyes, en hexamètres latins, 40 pp. p. in-8°.

L'exemplaire de la bibliothèque de Troyes porte la signature de Breyer.

Sans date, mais postérieur à 1618, l'ouvrage de François Desrues, dont nous avons donné le titre à l'article Laudereau. Au frontispice, le portrait de Louis XIII en médaillon. De mauvaises vignettes sur bois offrent les vues des principales villes.

Cet auteur, qui n'est point méprisable, n'a point d'article dans nos biographies, alors qu'elles s'étendent avec complaisance sur son homonyme François Desrues l'assassin. Nous sommes très-disposé à le croire natif de Troyes : 1° par les expressions qu'il emploie aux pages 116 et 123; 2° par l'étendue exceptionnelle qu'il accorde à la ville de Troyes (29 pages), où il donne des détails curieux et exacts.

Bibl. de M. l'abbé Coffinet.

NICOT (Edmond), demeurant dans le quartier Saint-Remy, *à regione sancti Remigii.* Il imprima en 1643 l'opuscule de Desguerrois, intitulé : *Sancti lupus et Me-*

morius (1) *cum Attilâ rege,* 40 feuillets non chiffrés, in-18 ;
et en 1648, du même, *Ephemeris sanctorum insignis ecclesiæ Trecensis,* in-12. C'est une histoire fort abrégée,
écrite en latin, des Saints qui ont vécu, ou dont on conserve des reliques dans le diocèse de Troyes. Il suit
l'ordre du calendrier ecclésiastique, et commence
comme lui en novembre. La bibliothèque de Troyes en
possède plusieurs exemplaires. L'un d'eux acquiert un

---

(1) Memorius était un diacre de saint Loup, qui l'envoya avec
sept jeunes clercs au-devant d'Attila, jusqu'au village de *Bro-
lium,* aujourd'hui Saint-Mesmin. Tous furent massacrés. Au
moyen-âge, Memorius, aujourd'hui connu sous le nom de saint
Mesmin, était nommé saint Mémor. Il est ainsi désigné dans la
légende de la vie de saint Loup, représentée sur quatre pan-
neaux de tapisseries qui, avant la révolution, garnissaient le
chœur de l'abbaye de Saint-Loup, à Troyes. Comme il est probable que ces tapisseries ont péri, nous allons en transcrire ici
les quatrains qui en feront connaître les sujets, et donneront
une idée de la poésie du temps.

Sur le premier panneau, fait en 1542, on lisait :

St. Loup fils du sieur Epiriche
Affin d'être morigéné
Fut par le sien oncle Allistiche
Aux écoles mis et mené.

Pour exercer acte de guerre
St. Loup par son oncle Allistiche
A S. Germain le duc d'Auxerre
Fut présenté en état riche.

Sur le deuxiéme, fait en 1347 :

St. Loup chevalier débonnaire
Ami de Dieu très singulier
Epousa la sœur St. Hilaire
Pour la virginité celer.

Soy faisant aux vierges confrere
Son épouse voulut laisser
Puis au duc Germain sans differe
La comté rend pour gouverner.

Saint Loup, vêtu avec magnificence, est représenté age-

prix particulier d'avoir appartenu au savant Breyer,
qui a écrit sur la garde quelques détails biographiques
sur Desguerrois.

—— (EDME), éditeur d'almanachs et de pronostications, 17e siècle, a été d'abord établi près le chef de St.-
Loup, et ensuite place St.-Remi. Nous citerons de ses
presses : 1o *le plus illustre Ornement de la Noblesse*, par

---

nouillé, en remettant entre les mains du duc Germain, la
Comté, figurée par un collier d'or. Le duc est assis sur un trône
élevé.

Sur le troisième, fait en 1540 :

> St. Honoré de pure conscience
> Etant rempli et d'abbèz le miroir
> En l'abbaye reçut de Lisinense
> St. Loup voulant à son salut pourvoir.

Saint Honorat de Lerins, en habit de moine, donne l'habit à
saint Loup, qui est ensuite représenté avec l'habit de saint Benoît et avec la cuculle monacale.

> St. Loup étant religieux
> En l'abbaye de Lisinense
> Fut élu par le roi des cieux
> Evêque de Troyes sans doutance.

(Ici un envoyé du clergé de Troyes apporte au saint, avec
apparat, la crosse et la mitre de l'évêché.)

Sur le quatrième, fait en 1580 :

> St. Memor sort dévotement
> Avecque sept que fait mourir
> Le fier Attil cruellement
> St. Loup vient les ensevelir.
>
> St. Loup conserve la cité
> Contre Attil et toutes ses gens
> Qui passent pleins de cruauté
> Sans voir ni nuire aux citoyens.

Les deux vers suivants sont placés au-dessus des deux principaux personnages :

> Qui est-ce qui vient en ce lieu, tout dégaster par désarroi?
> Je suis Attil, fléau de Dieu, pour flageller les tiens et toi.

Rob. Luyt, 1661, in-8°. (Catalogue Nyon Vallière, n° 23981); 2° *Pratique de dévotion toute particulière*, 1671, 2ᵉ édition. Anonyme. Une note anonyme et manuscrite annonce que l'auteur se nommait Chevillar.

OUDOT (JEAN).

Le nom d'Oudot est fameux dans la typographie troyenne, et par le grand nombre d'imprimeurs qui l'ont porté, et par leurs innombrables productions. Ce nom se lie dans la mémoire des amateurs de littérature, à tous nos vieux romans de chevalerie, et aux farces à personnages qu'ils ont si souvent reproduits. Ce n'est pas sans grande peine qu'on a pu distinguer les uns des autres les membres de cette famille qui, sous le rapport des procédés et du matériel, doivent être confondus dans la même médiocrité; au point, par exemple, qu'on pourrait douter si le nom de cette bibliothèque dont ils sont les représentents les mieux fournis, ne vient pas autant de la couleur du mauvais papier qu'ils employaient, que de la couverture de leurs livres. Celui dont il est question ici a été, suivant Grosley, tiré par Pierre Pithou des ateliers de Mamert Patisson, et s'est établi à Troyes avec un assortiment des caractères de son patron. Dès 1593, son existence à Troyes est constatée par l'ouvrage suivant : *Discours et rapport véritable de la conférence tenue entre les députés de la part du duc de Mayenne avec les députés du party du roy de Navarre,* petit in-12. Bibliothèque Mainemare.

En 1594 il donna : *Edict et déclaration du roi sur la réduction de la ville de Troyes sous son obéissance,* à Troyes, par Jean Oudot, imprimeur du roi, demeurant rue Notre-Dame, 1594, in-18, 24 pages.

Ce fut de ses presses que, dans l'automne de 1596, sortit l'édition princeps du Phèdre, dont la littérature est redevable au même Pierre Pithou. A peine l'éditeur

eut-il le temps d'en corriger les épreuves et d'en adresser quelques exemplaires à ses amis. Le privilège est
daté du 28 août, et il mourut le 1ᵉʳ novembre. Il était
alors dans sa métairie de Bernières, près Nogent-sur-
Seine, et venait à Troyes par intervalle pour surveiller
l'ouvrage.

On sait que le manuscrit qui a servi à cette édition
n'a point péri dans un incendie à Rheims, comme l'a
écrit Grosley, mais qu'il se trouve encore aujourd'hui
dans la bibliothèque de M. Pelletier de Rosambo, allié
de la famille Pithou, et que c'est principalement sur
son texte que M. Berger de Xivrey a donné, en 1831, à
Paris, une édition de cet auteur.

On a remarqué qu'il était assez étrange que jamais
MM. Pithou n'aient parlé de la provenance de ce manuscrit. Ils avaient pourtant d'autant plus occasion de
le faire, que l'authenticité des fables ne fut pas accep-
tée sans contradiction. Le père Adry supposait que ce
manuscrit avait été recueilli (lors du pillage de l'abbaye
de Saint-Benoist-sur-Loire en 1562), par Pierre Daniel,
bailly de cette abbaye, qui, dans cette circonstance désastreuse, avait fait plusieurs autres acquisitions de ce
genre à des conditions très-peu onéreuses. Daniel était
intimement lié avec les Pithou ; il aurait pu leur faire
hommage du manuscrit, et les deux frères n'auraient
pas voulu appeler l'attention publique sur la possession
très-contestable que leur ami s'en était procurée.

L'édition de Troyes est un petit in-12 de 67 pages
chiffrées, plus 3 non chiffrées, caractères italiques ;
rare, vendu 51 fr. St.-Léger, 130 fr. Chateaugiron.
L'exemplaire de la bibliothèque de Troyes, élégamment
relié par Thouvenin, a coûté 150 fr.

La même année, Oudot publia, même format, même
caractère, *Sacrorum heroum, atque heroidum odæ, a
franco Ducatio santaventino latinæ factæ.*

Il nous a encore passé sous les yeux : *l'Office de la présentation de Marie, fondé à Troyes, par l'archidiacre Jean de Hault*, 1597, in-8º.

Au frontispice, deux béliers affrontés soutiennent un oiseau avec cette légende : *Patientia pauperis non peribit in finem*. Plusieurs catalogues lui attribuent la *Chronique de Gargantua, cousin du très-redouté Galimafrée*, in-16 de 32 feuillets.

—— (NICOLAS Iᵉʳ, fils de Jean,) demeurait rue Notre-Dame, à l'enseigne du Chapon-Couronné. Son nom paraît, dès 1606, au bas d'*Oger-le-Danois* et de *Galien-Retoré*, in-4º. Il paraît qu'il mourut avant 1636. Il travaillait encore en 1630, car il donna cette année-là les *Gestes et faits du preux chevalier Geoffroy à la grant dent*, in-8º. Dans l'intervalle, il édita, entr'autres ouvrages, 1609, *Hector de Troyes*, 48 feuillets, 8 figures en bois. 1612, *Meliadus*. De 1614 à 1621, un grand nombre de tragi-comédies, par J. Gaumé, Charles Bauter et autres poètes du temps, avec de fort mauvaises gravures. 1618, l'*Histoire de Morgan le géant, lequel, avec ses frères, persécutait toujours les Chrétiens*. 1621, la *Patience de Job*, à 49 personnages, in-4º. 1628, *Farce nouvelle du Musnier et du Gentilhomme, à 4 personnages*, in-12, vendu 9 fr. Lavallière. *Tragi-comédie très-célèbre des inimitables amours du seigneur Alexandre et d'Annette*, p. in-8º, 31 pp. Vendu 29. 50. Soleine. 1634, *les Promesses et faits de Huon de Bordeaux*, 4 fig. sans date ; l'*Histoire de Sainte-Suzanne, exemplaire de toutes sages femmes et de tous bons juges*, à 14 personnages, in-8º, 32 fr. Lavallière. *La vie de Mᵐᵉ Sainte-Barbe*, par personnages. Vendu 22 fr. Barré.

—— Sa veuve (elle l'était dès 1636). Il ne faut pas la confondre avec la veuve de Nicolas Oudot, de Paris.

Celle-cy, fille de Psome, demeurant rue de la Bouclerie, recevait le dépôt de la bibliothèque bleue, imprimée à Troyes. On en trouve la liste détaillée dans la *nouvelle bibliothèque bleue*, Paris, Belin-Leprieur, 1843, in-18, page XLVI.

Nous ne pouvons citer, de la veuve Nicolas Oudot, de Troyes, que la *Navigation des compagnons à la bouteille*, in-16, s. d.

—— (JEAN II, probablement frère du précédent,) demeurait aussi rue Notre-Dame, à l'enseigne du Chapon-d'Or-Couronné. On le nomma longtemps Jean Oudot le jeune, pour le distinguer de son père. On a de sa façon :

1622. *Almanack pour* 1622, par Pierre de Larrivey, avec de grandes prédictions.

1623. *Processionale Trecense,* in-8º.

L'exemplaire de la bibliothèque de Troyes a appartenu à Remi Breyer; il contient une note fort étendue de la main de ce savant, où il rapporte d'anciens rites prescrits par le Processionnal de Sainte-Prudence, que Dom. Martenne a publié dans son Traité de l'Ancienne Discipline, Lyon, 1706, tome 4, page 371.

—— (NICOLAS II, fils de Nicolas Ier), demeurant rue Notre-Dame, a beaucoup travaillé pour les libraires de Paris, Courbé, Billaine, Dupuis, Soly et autres. Grosley cite entr'autres les premières éditions de Perrot d'Ablancourt, qui, de sa terre de Noroy où il avait établi sa résidence, venait surveiller le travail de l'imprimeur. Il plaçait habituellement son nom ou celui de la ville de Troyes, en caractères microscopiques, dans l'un des fleurons du frontispice. A en juger par les voyages de Vincent Leblanc, in-4º, qu'il a imprimé pour Germain

Clousier, et qui nous ont passé sous les yeux, il se ren-
dait justice en gardant cette espèce d'incognito.

Parmi les livres qu'il a donnés pour son compte, nous
citerons seulement :

1640. *Le 1er, le 2e et le 3e livre de la Muse foldtre,* in-24.
Vendu 45. 50. Bignon.

1641. *Le Roman de la belle Hélène de Constantinople,
mère de saint Martin de Tours.*

Même année. *La Grant danse Macabre;* c'est une réimpression en lettres romaines, de l'édition donnée par
Lerouge en 1531. Cinq à six des figures ont été retran-
chées vers la fin. On a ajouté les tourments des dam-
nés. Du reste, vilaine impression, vilain papier, figures
à l'avenant, rien ne ressemble moins au modèle. Il se
trouve à la bibliothèque de l'arsenal.

1657-63. *Le livre de la vie de Wlespiegle,* in-4o, s'imprime à Troyes, chez Nicolas Oudot, rue Notre-Dame, et
se vend, avec les figures, par Jacques Lagniet, à Paris,
sur le quai de la Mégisserie, au For-Lévêque, avec 48
gravures de Lagniet, du caractère le plus original. Voir
ce nom dans Brunet. (Vente Taylor, no 615.)

1676. *L'Office divin des Messes hautes et basses, etc.,
dans l'église Sainte-Magdeleine,* in-4o, 44 pages, exemplaire sur vélin. BT.

1679. *Le Grand Calendrier et Compost des Bergers,*
in-4o.

1682. *Les Débats et Facétieuses rencontres de Gringalet
et de Guillot Gorju, son maître,* in-12.

—— (JEAN III), reçu le 31 janvier 1679, a imprimé,
en société avec le suivant, en 1683 : *Nouveau livre d'Eglise
à l'usage du diocèse de Troyes,* chez Jean Oudot, rue du
Temple, et Jacques Oudot, rue Notre-Dame, au Chapon-
d'Or-Couronné. Le privilège est donné aux deux frères
maîtres imprimeurs. Ce volume in-12, de près de 900 p.,

est parfaitement exécuté ; il contient, dans le calendrier, quelques notes historiques. Puis, à la date de 1686, *Processionale Trecense*, in-4º. L'exemplaire de la bibliothèque de Troyes, d'une superbe condition, a appartenu à M. Herluison, secrétaire de l'évêché de Troyes, au commencement du 18ᵉ siècle, dont il porte les armes. Ces armes sont un soleil et trois flammes en chef avec ces mots : *Ardere et lucere*, qui font allusion à son nom. Il avait réuni une nombreuse bibliothèque des mieux choisies, qu'il laissa aux pères Oratoriens de Troyes.

Cet Oudot demeurait, en 1696, rue du Temple, dans l'avant dernière maison, du côté de Croncels ; il est mort en mai 1705.

—— (JACQUES, fils de Nicolas II,) demeurait rue Notre-Dame, puis rue du Temple ; il exerçait sa profession dès 1683, comme le témoigne l'article précédent. On a de lui plusieurs parties de la bibliothèque bleue, qui ne se distinguent en rien de celles qu'ont données ses homonymes. Nous citerons seulement la vie de Thiel Ulespiègle, 1699, petit in-8º ; meurt en juillet 1711.

—— (sa veuve ANNE HAVARD) le remplace en 1711 dans l'établissement de la rue du Temple, imprime d'abord seule, puis en société avec son fils Jean IV, puis ne figure plus que comme libraire au frontispice des livres. Elle disparait après 1742. Le nom de la mère et du fils se voient sur le titre de la Danse Macabre de 1729, in-4º.

—— (JEAN IV), fils de la précédente, reçoit les provisions d'imprimeur en 1721, aux lieu et place de sa mère, qui, soit comme imprimeur, soit comme libraire, figure sur la plupart de ses éditions. Au nombre de celles qu'il a procurées figurent :

Les Etrennes de la Saint-Jean (par le comte de Caylus), 2ᵉ édition, Troyes, chez la veuve Oudot, 1742, in-12, avec un portrait grotesque au bas duquel on lit :

Portrait de M. ou Mᵐᵉ Oudot.

avec cet avertissement au ton de l'ouvrage : l'*Imprimeur étant contrefait, il a jugé à propos de se faire graver, afin que son livre ne soit pas de lui quand il n'y sera pas.*

Il a été tiré du grand papier et du vélin.

Un de ces derniers, sur maroquin violet avec fermoirs d'argent, a été vendu 150 fr. en 1777, chez Randon de Boisset; 123 fr., en 1786, chez Camus de Limare, et est passé de la bibliothèque Chardin en Angleterre, où il a été vendu en 1817 2 liv. 12 schel.

Un autre exemplaire a été acheté à la vente Maccarthy, par M. Debure, non pas pour la bibliothèque nationale, comme M. Vaupraët l'a imprimé par erreur, et où il n'existe pas, mais pour un amateur étranger, dont la trace est perdue. Nous nous en sommes assurés auprès de M. Debure lui-même.

Même année. *Les Etrennes de la Saint-Jean*, dont un exemplaire, grand papier, a été vendu 21 fr. chez Randon de Boisset. Le mari et la femme ont réimprimé plusieurs fois ces deux volumes. Jean IV Oudot est mort en 1745.

—— (sa veuve JEANNE ROYER) a continué le commerce de son mari depuis 1745 jusque vers 1768.

Nous citerons parmi les articles de son fonds :

La Peine et Misère des Garçons Perruquiers, réimprimé sur un privilège de 1739 ;

L'Edit sur la Milice de Troyes, 1748, in-8°. BT. 0. 13.

Elle ne laissa qu'une fille, qui épousa un Truelle. En elle, finit le nom d'une famille qui exerça l'imprimerie dans trois siècles consécutifs et dans le même genre d'ouvrages. Leur fonds et la maison qu'ils occupaient, rue du Temple, n° 43 actuel, passa aux Garnier, avec lesquels ils avaient une grande analogie, pourtant avec une certaine supériorité. Les deux fonds ou plutôt leurs débris, c'est-à-dire quelques résidus de leurs éditions les plus communes, et un pêle-mêle de planches gravées en bois, sont aujourd'hui ès-mains du sieur Baudot, successeur immédiat du dernier des Garnier.

PARIS (Nicole ou Nicolas) demeurait *auprès du chef Saint-Jean, rue de l'Espisserie.* Il avait adopté pour enseigne ou marque, un enfant nud suspendu à un palmier, avec cette devise : *et Colligam,* ou avec celle-ci : *Ascendam in palmam et apprehendam fructus ejus.* Il prenait le titre de *artium professor et typographus.* C'est l'un de nos coryphées du 16e siècle. La diversité des caractères qu'il employait indique un établissement largement fondé. Nous citerons de lui :

Dès 1542, *les Satyres de Perse,* en lettres italiques, qui, d'après Grosley, ne le cédaient point à celles employées par Gryphius.

1543. *Le Voyage de l'Homme Riche,* par François Habert, in-8° très-rare. V. l'abbé Gouget, t. XIII.

1544. *Le Second Enfer d'Etienne Dolet,* petit in-8°, lettres rondes. Ce livre présente au frontispice la marque de Paris décrite plus haut. Nous ne voyons pas sur quoi on appuie la supposition selon laquelle il n'aurait fait ici que prêter son nom à Dolet lui-même. BT.

1545. *Antiphonarium Cisterciense,* aprili mense, in-f°. BT.

1546. Les Statuts synodaux promulgués à Sens en 1525.

Cette même année-là, il renouvela ce que nous avons déjà observé au sujet des Lerouge ; nous voulons parler d'impressions exécutées hors de son domicile. L'abbaye de Larrivour, ordre de Citeaux, située sur la rivière de Barse, à trois lieues de Troyes, avait alors pour titulaire Jean de Luxembourg, de la branche des Luxembourg-Brienne, depuis évêque de Pamiers. Ce prélat aimait les lettres, les encourageait et même les cultivait. Il appela à Larrivour notre Páris pour imprimer plusieurs de ses ouvrages, notamment :

1o *L'Institution du Prince, de Budé, avec les Annotations de Jean de Luxembourg,* p. in-fº, imprimé à Larrivour, abbaye dudit seigneur, par Nicolas Páris, 204 feuillets sans la table, titre encadré, majuscules grises ; le privilège porte pour condition, que l'ouvrage sera imprimé en *beaux caractères.* On peut dire que cette condition a été fidèlement exécutée. L'exemplaire que nous décrivons appartient au docteur Carteron, et vient du cabinet de Grosley.

2o *La Nouvelle d'un Révérend Père en Dieu et bon Prélat, par Colin Royer* (pseudonyme), petit in-4o de 22 feuillets, attribué à Jean de Luxembourg, par Lenglet du Fresnoy, bibliothèque des romans ; suivi de *la Vie et les Actes triomphants d'une très–illustre et très-renommée demoiselle Catherine Desbassouhaits, par Jean de la Roche, baron de Florigny* (autre pseudonyme).

3o *L'Oraison funèbre de Henri II,* par le même.

Il a donné encore sans date :

La Parfaite Amie, par Ant. Héroët.

Breviarium Trecense, très-petit in-8o gothique sur deux colonnes, sans titre, sans date et sans nom d'imprimeur au frontispice. Mais à la fin de la partie d'hiver on lit *impressore N. Paris, gratia superis.* Les caractères sont fort menus et n'ont pas la netteté convenable en pareil cas. Deux gravures, dont l'une représente David jouant de la harpe. Il se trouve à la bibliothèque du Panthéon, sous la cote BB, 1253. BT.

6

PRAT (Fiacre) figure comme imprimeur dans un procès intenté en 1703 par Jacques Oudot, contre ses confrères, au sujet du privilège d'un almanach.

PREVOST (Edme), imprimeur-libraire, rue du Temple, au Grand-Prevost ; il exerçait en 1697. Nous avons vu de lui :

1702. *Vers adressés à M. de Vienne, de Géraudot, sur la prise de Crémone* (par M. Regnier, conseiller en la Prevôté), in-4º.

On les trouve dans un recueil intitulé : *Poetica Miscellanea,* in-4º, provenant de Grosley, à la bibliothèque du Louvre.

Sans date. *Statuts et Ordonnances de la Communauté des Maîtres bonnetiers,* du 6 janvier 1554, confirmés par Louis XIV, en mai 1698, in-12, 38 pp.

—— (Sa veuve), même adresse. Elle a imprimé :

1711. *Statuts et Ordonnances de la Communauté des Tailleurs de la ville de Troyes,* in-12, 36 pp.

Même année. *Le Cathéchisme des Riches* (par Breyer), in-12.

REGNAULT (Eustache). Son adresse était indiquée rue de la Petite-Tannerie, *in Parvo vico Tannato ;* a imprimé en 1662 : *Annales ordinis Grandimontis a fratre Joanne Leveque, Trecensi, priore Villamediano,* in-8º, 448 pages, dont 19 contiennent un appendice des titres et antiquités de l'abbaye de Macheretz. Ce prieur de Villemoyenne était originaire de Rouilly-Saint-Loup, et de la même famille que Lévêque de Laravallière, autre troyen de l'académie des inscriptions. C'est ce dernier qui nous l'apprend dans une correspondance que nous possédons.

Le frère Jean Levêque promettait de donner au public une histoire étendue de l'ordre des Prémontrés, dont celle-ci n'était que le prodrome. Mais elle n'a pas paru. On la trouve en manuscrit dans la bibliothèque de Chartres, n° 503, sous ce titre : 1° *Annales ordinis Gradimontis, autore et collectaneo fratre Joanne Leveque trecensi priori villa mediano ;* 2° *Bullarium ejusdem ordinis, cum supplemento.* 17ᵉ siècle, 5 vol. in-4°, papier, relié en veau.

On trouve encore sous le nom du même imprimeur, *la Vie de Tiel Ulespiègle* (bibliothèque du duc d'Aumont).

ROMAIN (Charles). *La Secrete politique des Jansenistes* (par le père Deschamps), 1667, in-12, 3 parties. (Vente bibliophile Jacob.)

SENEUSE (Pierre). *La Vie de sainte Syre,* p. in-8°, 16 pp., 1692.

SIMONNOT (Blaise). A la fin d'un livre intitulé *les Douze fruits de l'Arbre de Vie,* par Fr.-Julian Manceau, 1631, in-8°, BT., on lit :

« A Troyes, par le soing particulier de l'auteur, y pré, » sent, de l'imprimerie de Blaise Simonnot, et se trouve » à Paris, rue Saint-Jacques, au Compas-d'Or. »

Production ascétique de peu de valeur ; l'impression ne vaut pas mieux.

SOURDET (Pierre), rue Notre-Dame.

Nous avons trouvé de lui : de *l'Etat et Gouvernement de l'Eglise,* par Simon Vigor, 1821, in-8°. BT.

Sommaire de l'Histoire et des Miracles de Notre-Dame-de-Liesse, 1617, in-8°.

Sans date. *La Vie de Henry de Valois, avec le Martyre*

de Jacques Clément, avec une figure qui manque quelquefois. Vendu 45 fr. avec la figure, vente Sepher.

TRUMEAU (**Thibault**), en latin *Turmæus*, est, selon toute apparence, de la même famille que Jehan Trumeau, imprimeur à Provins, demeurant sur le pont au Poisson.

Le nôtre n'était point encore imprimeur en titre, en 1533. Nous le voyons, cette année-là, se réunir avec Jean Petit et Guy Piétrequin, pour exécuter à leurs frais, dans les ateliers de Jean Lecoq, décédé, le *Missale Trecense*, in-f°, *impressum*, y est-il dit : *in œdibus defuncti J. Lecoq, in vico divæ mariæ Commorantis impensis J. Petit, Parisiensis bibliopolæ et Guidonis Pietrequin et Theobaldi Trumeau civium Trecensium.*

Ce volume est de la plus riche exécution. Les capitales sont du meilleur effet ; les gravures en bois, dont deux in-f°, dont il est orné, sont extrêmement nombreuses, et plusieurs sont touchées avec finesse. L'exemplaire conservé à Troyes, provient de l'abbaye de Saint-Loup. Six des feuillets du milieu du livre sont sur vélin. En 1750, d'autres exemplaires de ce Missel se trouvaient à la cathédrale et à Saint-Pantaléon.

Les années suivantes, Thibault Trumeau prend le titre d'imprimeur, et donne :

1536. *Breviarium Trecense, impressum trecis opera Theobaldi Trumeau*, avec la marque de Lecoq. *Venundantur in œdibus J. Lecoq*, réimpression du Bréviaire de 1509, caractères plus nets, gothique. Se trouve bibliothèque du Panthéon, coté BB, 1255, et à Troyes.

1541. *Manuale Trecense*, in-4°, très-remarquable ; les lettres rouges et noires, gothiques, sont fort grosses, et du tirage le plus égal et le mieux soigné.

1543. *Bréviaire de l'ordre de saint Benoît, pour notre*

dame aux Nonains, in-4°, gothique, imprimé par l'ordre de l'abbesse Marie Dumoutier.

Au frontispice est un cartouche autour duquel on lit ces mots : *mulier amicta sol et luna sub pedibus ejus*. L'impression divisée par rubriques d'un bel effet, le papier d'un grand choix, les caractères fort élégants, en font un livre recommandable à tous égards, et qui ne craindra aucune comparaison avec ce qui s'est fait de mieux à Paris à pareille époque. C'est un des beaux fleurons de la typographie troyenne. L'exemplaire conservé à Troyes, a appartenu à sœur Marie Dolet, professe en 1601.

1544. *Breviarium Trecense*, réimpression de celui de 1536, mêmes caractères, *impressum Trecis, in œdibus defuncti Lecoq, per Th. Trumeau impressorem et librarium*, marque de Lecoq. BT. Conservé bibliothèque du Panthéon, sous la cote BB., 1256.

Ici nous avons dû nous adresser une question, et nous ne nous flattons pas de l'avoir résolue définitivement. Comment se fait-il que des livres que Trumeau annonce avoir imprimés, non seulement l'aient été dans la maison de Lecoq, mais s'y soient vendus, et portent la marque distinctive des Lecoq, lorsque nous avons fait voir que, dès 1541, le second Lecoq travaillait en son nom ? Il y avait ici, ce semble, une usurpation flagrante, et les lois ne manquaient pas plus alors qu'aujourd'hui pour la réprimer ; car l'art. 16 de la déclaration du 31 août 1539, disposait que : « Les maîtres imprimeurs » et libraires ne pourront prendre les marques les uns » des autres, ainsi chacun en aura une à part soi dif- » férente les unes des autres en manière que les ache- » teurs des livres puissent facilement connaître en » quelles officines les livres auront été imprimés et les- » quels se vendront auxdites officines et non ailleurs. » Peut-être s'était-il allié à cette maison ; il aurait alors partagé à titre d'héritier et le local et la marque caractéristique de l'établissement dont la réputation était faite depuis longtemps.

—— (FRANÇOIS.) Il a imprimé :

1572. *Pirræ Menisson epicedium.* Cet éloge funèbre en vers, d'une femme par son mari, du nom de Duchat, se trouvait dans un des Miscellanea de la bibliothèque de MM. Pithou, conservés au collége sous la cote MA. 43.

1574. *Heures à l'usage de Troyes,* in-16. Nous ne connaissons ce volume que par l'indication à nous donnée par M. Tarbé, imprimeur à Sens.

Et sans date, *le Recueil des Triomphes et magnificences qui ont été faites au logis de M. le duc d'Orléans, à Fontainebleau, le lundi gras dernier, 14 de février.* Gothique.

Heures à l'usage de Troyes, au Log. sans requérir, in-12, gothique, format très-allongé en hauteur, rubriques, figures en bois d'assez jolie exécution, très-bien imprimé. Au frontispice deux lions supportent un écusson, au milieu duquel on voit un aigle couronné. BT.

—— VILLERVAL (DENIS DE) demeurant rue Notre-Dame. Nous avons vu de lui :

Coppie du sermon prononcé à l'église cathédrale de Troyes, le 30 août 1587, par François-Christofle Blaiseau, gardien des Cordeliers, in-8º, fort jolie exécution. Pour cartouche une brebis entre deux loups, surmontée d'un arbuste encaissé, le tout flanqué d'arabesques, de grotesques et des initiales DV. (Bibliothèque de M. Harmand.)

1587. N. D. *Magni curiani anagrammatum libellus,* in-8º.

—— VILLIERS (DE). On trouve sous son nom, dans d'anciens catalogues :

Brieve narration de la genealogie des princes de la maison de Gonzague, etc., par Nicolas Baillot, avocat, 1629, in-12.

—— VIVANT (Louis). On a vu figurer à la dernière vente Nodier, le volume suivant :

Les OEuvres de M. François Rabelais, docteur en médecine, etc., avec la *pronostication pentagrueline*. Troye, *par Loys qui ne se meurt point*. 1556, petit in-12, vendu 185 fr. D'après une remarque de Ch. Nodier, c'était ainsi que se désignait Louis Vivant, libraire à Troyes. Il nous semble que le mot soussigné indique plutôt un imprimeur qu'un libraire. Le même exemplaire a reparu à la vente Taylor, où il a été payé 139 fr., et où il est suivi de ces mots : *Bijou bien joli et que Charles Nodier citait comme le livre qu'il aimait le mieux de son cabinet.* C'est qu'en effet il ne le cède en rien aux plus charmants elzévirs.

LISTE DES MÊMES IMPRIMEURS

DISTRIBUÉS

DANS L'ORDRE CHRONOLOGIQUE.

—

N. B. Il est essentiel de remarquer que nous ne donnons point les années ci-après indiquées comme des limites rigoureuses, entre lesquelles l'exercice de chaque imprimeur demeure invariablement fixé, mais qu'il ne s'agit là que des années pendant lesquelles nous avons pu acquérir la preuve de son existence active.

1483. PIERRE LEROUGE.

1492. GUILLAUME LEROUGE.

1509-30. JEAN Ier LECOCQ.

1510-50. NICOLAS LEROUGE.

1529. PIERRE HADROT.

1533-44. THIBAUT TRUMEAU.

1541-89. JEAN II LECOQ.

1542-46. NICOLAS PARIS.

1549. LOINTIER.

1549. MACÉ MOREAU.

1556. LOUIS VIVANT.

1572-74. FRANÇOIS TRUMEAU.

1577. JEAN DURUAU.

1578. PHILIPPE DESCHAMPS.

1578-1609. JEAN COLLET.

1580. NICOLAS GYRARDON.

1582-88. CLAUDE GARNIER.

1584-90. NICOLAS DURUAU.

1587. Denis de Villerval.

1589-94. Jean Moreau.

1593-97. Jean Oudot.

1595. Jean Lenoble.

1596-1615. Jean Griffard.

1601-27. Edme Briden.

1603-35. Pierre Chevillot.

1606-31. Noel Moreau.

1606-34. Nicolas Ier Oudot.

1612. Jean Berthier.

1613. Pierre Hovion.

1617-21. Pierre Sourdet.

1620-70. Yves Gyrardon.

1621-40. Guillaume de Lettin.

1621-30. Claude Briden.

1622-23. Jean II Oudot.

1626-31. Noel Laudereau.

1628-29. Pierre Duruau.

1629. De Villiers.

1629-37. Jean Jacquard.

1630. Pierre Desmolins.

1630. Claude Berthier.

1630-31. Léger Charbonnet.

1631. Denis Clément.

1631. Blaise Simonnot.

1635-40. Jacques Balduc.

1636. Veuve Nicolas Ier Oudot.

1639-52. Antoine Chevillot.

1640-82. Nicolas II Oudot.

1642-68. François I Jacquard.

1643-48. Edmond Nicot.

1646-66. Jean Blanchard *dit* Chevillot.

1647. Bouvillon.
1652. Denis de Mojot.
1654-55. Blaise Briden.
1655-83. Claude Lefèvre.
1661-71. Edme Nicot.
1662. Eustache Regnault.
1667. Charles Romain.
1670 environ. Edme Dubarry.
1670-1706. Louis Blanchard.
1674. François II Jacquard.
1677. Edme Adenet.
1677. Yves Adenet.
1677. Veuve Edme Dubarry.
1677-1703. Gabriel Briden.
1679-1705. Jean III Oudot.
1680-1725. Jacques Ier Lefevre.
1683-1711. Jacques Oudot.
1683-1712. Herluison.
1690-93. Bouillerot.
1692. Pierre Seneuse
1693. Jean Adenet.
1696-1738. Pierre Garnier.
1697-1702. Edme Prevost.
1702-10. Nicolas de Barry.
1702-31. Pierre Michelin.
1703. Prat.
1710. Veuve Nicolas de Barry.
1711. Veuve Edme Prevost.
1711-42. Veuve Jacques Oudot.
1721-45. Jean IV Oudot.
1725. Veuve Charles Briden.
1731. Veuve Jean Adenet.

1737-43. Veuve Pierre Michelin.

1737-53. L. G. Michelin.

1738-56. Jacques II Lefevre.

1739-54. Veuve Pierre Garnier.

1743-68. Veuve Jean IV Oudot.

1753-60. Veuve L. G. Michelin.

1754-65. Jean Garnier.

1757-72. Michel Gobelet.

1765-69. Veuve Jacques II Lefevre.

1766. Jean-Antoine Garnier.

1769. Jean-Jacques Lefevre.

1777-85. Etienne Garnier *dit* Lejeune.

1781-89 et audelà. Veuve Michel Gobelet.

1783-89 et au-delà. Adrien-Paul-François André.

1785-89 et au-delà. Veuve Etienne Garnier.

FIN.

IMP. BOUQUOT. — TROYES.

www.ingramcontent.com/pod-product-compliance
Ingram Content Group UK Ltd.
Pitfield, Milton Keynes, MK11 3LW, UK
UKHW022323070726
13614UKWH00002B/923